刘铁芳教育随笔

知识与教养之间

刘铁芳 著

北京师范大学出版集团
BEIJING NORMAL UNIVERSITY PUBLISHING GROUP
北京师范大学出版社

图书在版编目(CIP)数据

知识与教养之间 / 刘铁芳著 . —北京：北京师范大学出版社，
2017.7(2020.11 重印)
（刘铁芳教育随笔）
ISBN 978-7-303-21933-9

Ⅰ.①知… Ⅱ.①刘… Ⅲ.①德育－文集 Ⅳ.①G41-53

中国版本图书馆 CIP 数据核字(2017)第 015796 号

营 销 中 心 电 话　010-58802135　010-58802786
北师大出版社教师教育分社微信公众号　京师教师教育

ZHISHI YU JIAOYANG ZHIJIAN
出版发行：北京师范大学出版社　www.bnupg.com
　　　　　北京市西城区新街口外大街 12－3 号
　　　　　邮政编码：100088
印　　刷：三河市兴达印务有限公司
经　　销：全国新华书店
开　　本：890 mm×1240 mm　1/32
印　　张：7
字　　数：146 千字
版　　次：2017 年 7 月第 1 版
印　　次：2020 年 11 月第 2 次印刷
定　　价：45.00 元

策划编辑：陈红艳　鲍红玉　　　责任编辑：齐 琳　郭 瑜
美术编辑：袁　麟　　　　　　　装帧设计：袁　麟
责任校对：陈 民　　　　　　　责任印制：马 洁

自　序

　　自打 2013 年年底撞上北京师范大学出版社书涛编辑，一定要给我做一套教育随笔系列后，我就像负上了一笔沉重的"债"，他每隔几天便来一个微信问我，他的事情做得怎样了。今年暑假看完奥运，正好还有一点闲暇时间，书涛的"催命符"如期而来，我干脆趁着这个机会，把他的活儿给做了。

　　我把以前算得上随笔的文字统统找出来，从中发掘出四个基本主题，分别做成四个空文档，再把合适的文字一篇篇拣进不同的"篮子"里。四个主题下面的文字基本敲定后，再一个个"篮子"进行梳理，每个"篮子"又找出五个分主题，按照起承转合的思路排列相关主题，然后把不同的篇目放到不同的分主题下，列出每个主题的不同目录。于是有了现在的四本随笔集。

　　《比技术更重要的是观念》这本随笔集的主题很明显，就是要倡导一种有理念的教育实践。现实的习惯很坚硬，需要足够强大的理念之光才能将它穿透，这对于急功近利的我们而言尤为困难。在这里，我想要传达的不仅仅是教育的理念本身的重要性，还有每个人如何从自己周遭的坚硬现实中超越，以理念之光来照亮自我人生。当我们想充当孩子们世界的点灯者的时候，首先需要点燃自己的心灯，开启对教育的理想诉求。

《知识与教养之间》主要探讨的是道德教化的问题。道德教化问题是一切时代的中心问题，今天同样如此，甚至更加重要。因为我们今天遭遇的诱惑实在太多，稍有不慎就容易偏离个体发展的德性之路。关键的问题在于，道德是可以教化的，道德教化很重要，但却是很困难的。道德之可教与不可教的矛盾几乎贯穿苏格拉底的人生。本书所倡导的道德教化的基本理念是如何切实地回到个体，从守护每个人做人的尊严开始，给予更多自由陶冶的可能性，在人与人的对话中切实引领个体灵魂层次的上升。道德教化很难，但无比重要。我们需要正视这种艰难，同时要充分地意识到这种艰难，并担当这种艰难，由此避免简单的灌输。

《教育的高度即人性的高度》的基本主题是教师在教育实践中的地位与教师的生命修炼问题。基础教育的质量，甚至一切教育的质量，中心是身在其中的人的生命质量。首当其冲的便是教师的生命质量，没有高质量的教师生命，是很难甚至不可能教出高质量的学生生命来的。今日为师，需要充分地意识到自我身上的生命责任，努力孕育生命之爱、教育之智，以阅读与思考来提升自我，以思想之光点燃日常教育生活之薪，寻求一种积极的生活状态，努力让自己成为优良教育的见证者。当人人都在抱怨中国的教育现状时，我们需要的是切实的努力，一点点照亮我们身边的孩子，绝不放弃。

《找寻心灵的家园》是面向自我、面向心灵的写作。我们所有的努力都需要回归内心，给生命寻找精神之家。在日渐浮躁的时代与社会里，我们究竟应该何以自处？本书开宗明义，要"紧盯着内心的信念之光"，意在让自我生命多一份从容与豁达，避免日常生活的无序与庸常。一个人如何回归自我内心？需要一种历史情怀与文化意识，在历史渐行渐远的背影中读出生命的苍凉，不断地注视大地上的事情，同时关注个人的似水流年，一点点去感悟生命的真谛。最终，我们需要拥抱生命之谜。这里的关键，一是保护生命之谜，所谓"水至清则无鱼"，一定要在生命中留有余地；二是明知生活的无奈与无常，我们依然要热爱生活、拥抱生活。我欣赏的人生姿态是深情地活在一个寡情的世界里。我的人生姿态，非关他人，关乎内心。于我而言，这是一个成熟个体的应有姿态，虽高山仰止，但心向往之，并努力为之。

我是较早开始写教育随笔的，当时反响也很不错。我文章的基本特点是小中见大。我是一个比较内敛的人，文如其人，所以文章总是从浅近的事情说起，一点点绵延深入，凭借自己细腻的心思与探索教育基本问题的兴趣，让文章逐步接近教育的中心问题。

我感觉自己不是在用文字，而是在用心、用生命写作这些文章。我让自己的内在生命世界尽可能充分地向着所思问题开启；让自我生命的触角尽可能地深入其中，探究其中的教育意蕴；让自己充分地被感动。我把自我生命置身其中的这份真诚的感动写出来，写出生命的喜悦与忧伤。如今写教育随笔早已不是独角戏，俨然有众声喧哗之势。我知道，我撰写随笔的使命早已完成，需要回归到自己内心，安静地寻求自己对中国教育问题的系统而深入的思考，暂且专注于做一点小小的属于自己的学术研究，无暇他顾。

或许对于我而言，要完成书涛的任务并不难，但为什么会成为心头难以偿还的"债"？主要原因在于现在的我对教育随笔早已意兴阑珊，并无意推出一个系列。但书涛兄反复游说，一来朋友之情难以却之，二来他"诱惑"我可以好好推广我的些许教育思考。我一方面想做点纯粹的事情，另一方面又是个难以完全抵制诱惑的俗人；一方面不想花太多精力于自己并不感兴趣的事情上，另一方面又不愿伤害朋友。活在矛盾之中，才是我心头压力的根源。

随笔的优点很明显：有感即发，人人都可以写，长短不限，不拘一格，富有灵气。随笔的问题同样明显：一是因为随意而容易流于个人主观意志；二是因为随性而容易浅尝辄止，这往往使随笔写作的水平参差不齐。我也不例外，我的文字中确实有不少自觉写得不错的，但也同样有诸多随意随性之作。更重要的是，因为随笔随意可写，容易让人在同一水平上不断重复，或者在同一水平上不断复制，很难达到自我的超越。我不愿意让自己为细琐的灵感所左右，我需要专注，需要持续而有深度的坚持。这或许是我的转变的真正理由。我也偶尔提醒朋友，努力避免陷于自我美化的陷阱，让写出来的只是些看起来很美的文字。

我们似乎已进入一个出版的时代，我们更乐于表达，也更急于表达。这当然是一件好事，能让更多的人发出声音。但随之而来的问题也很明显，如容易让人迷失在泛滥的书籍之中，缺少判断力和足够的阅读趣味，使得表浅性的阅读、无需思考的阅读过于流行。我们确实需要在阅读中寻找光亮，在冷静而专注的阅读中寻求自我生命得以援助的力量。

写下这些文字，期待与朋友们共勉。

目 录

第三辑　自由陶冶如何可能

第四辑　走向人对人的理解

第一辑 "人"的身份与"人"的教育

"人"的身份与"人"的教育

以薄薄的一册《动物农庄》和一册《1984》而闻名于世，甚或是名垂青史的奥威尔，曾写下他的这样一段经历：

一天清晨，另外一个人和我一起出去狙击斯卡城外战壕中的法西斯分子。他们的防线和我们这里的防线相距 300 码，在这样的距离外，我们的老掉牙的步枪无法准确地射中目标，但是你如果偷摸到法西斯分子战壕外大约 100 码处，要是运气好，你也许可以在战壕土堆的隙缝中射中一个人。不巧的是，两道防线之间是一块平坦的甜菜田，除了几条水沟，没有什么掩护，因此必须在天还黑的时候出去，破晓后马上回来，赶在天色大亮之前。但这时没有法西斯分子出现，我们待了太久，天正破晓。我们当时躲在一条沟渠里，身后是 200 码宽的平地，连兔子也找不到遮拦。我们正在打起精神，打算冒险冲刺，这时法西斯分子的战壕里忽然一阵喧哗，还吹响了哨子。原来有几架我方的飞机飞了过来。这时有一个人大概是为了给哪一个军官送信，跳出战壕，在土堆上飞奔而去，给你瞧得一清二楚。他半裸着身子，一边跑，一边双手提着裤子，我忍住不向他开枪。不错，枪法不好，不大可能击中在100码外飞奔的人，而且，我主要考虑趁法西斯分子的注意放在飞机上的时候如何奔回自己的战壕。但是我没有开枪，一部分原因是那提着裤子的细节。我到这里来是打"法西斯分子"的，但是提着裤子的一个人不是一个"法西斯分子"，他显然是个同你自己一样的人，你不想开枪打他。①

　　我之所以要详细地把这段故事一字不漏地抄下来，是唯恐在我的转述中有所遗漏。在我们这一辈，听到或者看到的战斗故事实在是太多，但看到这样的战斗故事，却还是头一遭。当个人置身战场，他就不再是属于个人，他属于你死我活的敌对阵营，有效地打击敌人是每个参战者无可旁贷的责任。战争寄予不同的个人以全然不同的身份，作为战士的奥威尔伺机于战壕，所面对的乃是"法西斯分子"，是不可饶恕的"敌人"。但当那个"法西斯分子"放下枪来方便，"半裸着身子，一边跑，一边双手提着裤子"时，在奥威尔的眼里，此时此刻，那"提着裤子的一个人"不再是一个"法西斯分子"，转而成了一个"同你自己一样的人"。是的，

---

　　① ［英］奥威尔：《奥威尔文集》，董乐山译，第84页，北京，中国国际广播电视出版社，1997。

当一个人放下了枪，半裸着身子，他也放下了他的外在身份，此时此刻，他就是一个纯粹的"人"。

回眸 20 世纪，一个无法让我们释怀的问题就是，作为庞大杀人机器的战争，实际上却是由人来执行的，是一个一个的人把另一个一个的人，以正义或仇恨的名义打死。当战事双方的人互相把对方视为被杀的对象时，自身就成了杀人的机器。当我们把对方非人化之时，也是把自我非人化之际。战争让人们忘记了，不管是敌人还盟友，其实原本都是一个一个的人，战争把人们变成了一个一个杀人的机器。同样，当奥威尔发现那没穿好裤子的"法西斯分子"乃是一个普通的人时，他自己也成一个人，而不是杀人的机器，或者说忘记了自己杀人机器的责任，尽管这架机器被寄予了正义的身份。奥威尔的经历告诉我们，即使是在残酷的战场，在非人化的战事之中，有时候，我们还能是一个普通的人，还能回复到我们原初的身份之所在。

当鲁迅先生发出"吃人"的呼告之时，对"人"的渴望成为那个时代的知识人心中的最强音。正是对做人的憧憬，无数仁人志士，"投身革命即为家"，"牺牲我一个，幸福天下人"。在那个特殊的年代过多地去要求做人的身份，显然是不现实的，甚至会有些落伍。但革命之后是不是真的如革命中所幻想的做回了人的身份呢？恐怕也还远没有这么简单。意识形态的壁垒不仅存在于不同的国民身份之间，同样存在于一国之内不同的阶层、不同的政治身份之间，甚至就是在一个家庭，也会由于意识形态的差异而转瞬间让亲人成为陌生的路人。许多许多时候，当个人的身上贴上了太多的标签，我们就忘记了我们自己，忘记了他人，我们原本就是亲人、兄弟、同胞，我们都是一个一个的"人"。

一个人生活在现实社会之中，社会自然会寄予个体以不同的社会身份，从家庭到集体，到国家，我们作为其中的一员而存在，我们就是其中的一个"分子"，这个去个性化的"分子"自然就是我们身上的标签。但在所有这些身份的背后，一个最基本的身份，那就是人，我们首先是一个"人"，然后，才是家庭、集体、国家的一个"分子"。后者的身份意识在大多数情况下，不是掩盖前者，而是更好地实现前者，凸显前者。当社会需要我们更多地持守后者身份的时候，我们也不应该忘记，我们原本是一个人，那是我们最基本的身份。

而随着教育的国际交流的扩大，我们教育的民族性品格也存在着被削弱、被淡化的趋势，这就使得国民的、民族的身份意识的认同，在当下已经变得越来越重要。在此意义上，强调"中国人"的身份意识是我们社会教化和学校教育的重要目标。但与此同时，我们又首先是作为一个人而存在，而且在大多数情况下，我们都是作为常人，作为普通的人而存在，人的身份是我们每个人来到世界上的第一身份，人的意识自然也是我们生在这个世界中的最基本的意识。既然如此，扩大、增进我们对人的理解与认同，对人性的理解与认同，对人的尊重，对每一个人的尊重，在此基础上，再引导个体去接受民族、国家寄予的身份意识，提升个体作为个人存在的内涵与价值，就应该是我们生存的基本要义。

知识与教养之间

　　记得 1993 年，孙云晓的《夏令营中的较量》一文记录了在内蒙古草原探险夏令营活动中中日学生表现的差异，当时曾引起教育的大讨论，文中所提及的那群中国孩子的问题主要是过于娇气、不能吃苦、缺少团队意识、生存能力不强。现在，那一代人已经开始在社会中逐步崭露头角，他们的今天究竟如何呢？正好有一次跟一位主管人事的朋友聊天，说起 20 世纪 80 年代后出生的员工，朋友感慨良多。他们的特点非常突出，脑瓜子灵活，易于接受新鲜事物，平时一般表现出较好的精神状态，活泼、开朗、适应性较强。一旦工作生活中有什么问题，他们的弱点就马上表露无遗，缺乏韧性，行为往往走极端，遇事冲动，容易消沉。朋友的话对我启发很大，我开始思考"80"后身上所遭遇的某种独特的教育问题。

　　正在逐步走向社会的 20 世纪"80"后的人与六七十年代的人相比，有这样几个特殊的背景，一是出生正好就赶上了改革开放的好时光，二是独生子女，三是应试教育。一方面，他们整体享受的生活与教育条件是好的，吃过苦的父辈尽力避免让他们吃苦受累，给他们创造力所能及的优越条件；另一方面，他们正好赶上了 90 年代以来愈演愈烈的应试教育。独生子女的优越性使他们更多地表现出以自我为中心的生存姿态，长辈的娇宠让他们的自我更多地局限在个人性情之中。在对他们感兴趣的事物保持很

强的敏感性与接纳意识的同时，对其他可能并不吻合于他们的性
格特征的事物缺少足够的开放性，张扬的个性使他们在生活中缺
少一种妥协意识。应试教育的加剧使他们的知识和能力上的强化
训练很充分，但缺少一种深度的精神发育与超越个人小我的对他
人与世界的情感认同。还有一个不可忽视的重要背景，那就是
"80"后的人正好是在港台流行文化的逐渐浸泡之中成长起来的，
他们对流行文化有一种超常的敏感，更易于沉溺在港台流行文化
所营构的温馨与浪漫遐想之中，这使得他们与现实世界之间有一
种难以言传的隔阂与疏离，他们更习惯于生活在个人想象的生活
世界之中，不大愿意去接受现实中与个人意愿不相吻合的事物。

　　正因为如此，他们与六七十年代的人相比，在表现出更健
康、活泼、对新鲜事物具有超强的敏感性、富于个性、敢作敢为
的同时，也不时表现出以自我为中心、缺乏韧性、过于性情化、
生活中缺少必要的宽容与妥协等意识。尽管他们读到了大学或者
研究生毕业，但他们为人处世的水平可能并不跟他们的高学历相
匹配。他们的行为样式中或多或少会让人感觉出他们所经历的某
种当代教育中隐在的重要问题。当然，这并不是对整个"80"后的
整体描述，这些问题也不足以概括"80"后的整体特征，而是对这
个年龄段人表现出来的某种典型性行为样式的考量，个别的、部
分的特征由于包容着这个时代的某种独特背景，确实也值得我们
深入反思其中包含的特殊的时代与教育意蕴。

　　我们在这里谈论"80"后的性格特征，并不是要对这一代人任
意臧否，每一代人都会有由于时代的局限性所烙下的缺失印痕。
我们之所以谈论"80"后的性格特征，是要冷静地反思我们如今的

社会、教育的发展究竟给我们自身带来了什么，留下了什么。对"80"后的扣问实际上是对我们近 20 年来的社会、教育，以及当今所遭遇问题的追问。我们需要反思的是在一个急速现代化，特别是物质生活现代化的国家里，我们需要给社会成员提供什么样的精神资源，从而确保社会物质生活快速提高的同时，社会的教养水平才能保持同步的发展，保持社会的均衡发展。

如果有了这种冷静、平和的心态，我们就可以不讳言地分析一下"80"后的前叙典型性格特征中所折射出来的问题，那就是知识、能力上的优越与人生教养上的某种缺失。我们近 20 年来愈演愈烈的以应试教育为中心，以及日渐喧哗、浮躁的文化空间，在给年青一代以爆炸性的知识积累的同时，我们确实没有给他们以相应的人生涵养的孕育。今天，我们在反思他们身上表现出来的性格与行为缺失的同时，更需要的是反思我们的教育，包括家庭和社会的影响，我们究竟给了下一代什么样品质的精神陶冶。知识、能力的发达，甚至加上遵纪守法，难道就是教育的一切？

当苏格拉底在两千多年前的古希腊大声疾呼"知识即美德"时，他是期待人们要用知识来照料人的心魄，用知识来点亮人生。但现实告诉我们，知识并不等于美德，唯有用知识来敞开狭隘自我，通向教养之坦途，知识才可能一步步通向美德之乡。当教育始终游离在人生之外，只是个体身上的缀饰，而没有内化到生命之中，没有成为生命的真实内涵，满塞于身心的知识与能力也就很难转化成为人生的美德。

何谓有教养的人？有教养的人首先是指能做别人做的事而不表示自己的特异性的人。德国古典哲学家黑格尔提出一个深刻的见解："教育的绝对规定就是解放以及达到更高解放的工作。"教

育的使命是将人从两种状态下解放出来，从而获得教养：一是从
自然质朴性中解放出来；二是从个人的主观性与特殊性中解放出
来，使主观意志获得客观性。这一解放的过程反对举动的纯主观
性，反对情欲的直接性，同样也反对感觉的主观虚无性与偏好的
任性。正因为如此，教育的根本任务，不是培养个性，而是使人
的主观性获得普遍的性质，在特殊中体现普遍。"教育就是要把
特殊性加以琢磨，使它的行径合乎事物的本性"。

教育实践当然是立足于人的个性，或者说立足于人的特殊
性，但教育的指向必然是人的普遍性。教育必须具有引导性，教
育绝不是人的自然本性的简单成全，而是对自然人性的提升与超
越。教育所要培养的人当然是要体现为拥有丰富个性的、具体的
个人存在，但这种个性乃是被普遍性所浸染、纯化、提升的个
性，而不是原初的自然个性。"教育的目的绝不只是提供生活的
技能，更不只是实现人的主观欲望，而是将人从自然生物性和个
别性中，解放出来的神圣事业"，这才是教养的真谛。

教养的本质乃是自我的去蔽与敞开，把自然人性提升到类的
高度。如若一个人为人处世全然任由自己的性情，则不管他受何
种层次的教育，知识如何丰富，他依然不能配称有教养的人。教
育的使命正在于以知识来涵养人性，润泽人生，把人从自然人性
之中解放出来，走向文化－精神的存在，从狭隘自我中解放出
来，走向开放自我的存在，引导人更多地远离盲目与任性，张扬
人性的善，纯化人心，提升人格。现今的教育与过去相比，拥有
着诸多优越的条件，我们理应让下一代接受更好、更全面的教
育，以此来提升整个社会的教养水平，真正把社会的文明进步建
立在卓越的教养之上，而不是基于智力发达、能力出众的单面的

成人想象。不断地反思当下的教育，审视当下教育结出的果实究竟如何，乃是当前教育改革与社会发展不可或缺的功课。

一个人教养的提升除了知识对人生的陶冶，还需要人生在社会时空中的历练，需要人生经验的融和。也许随着时间的流逝与社会生活经验的增加，目前所显现出来的"80"后的某些缺失会逐步得到修正，他们的人生会更加健全而精彩，他们人性伸展的空间会更加广阔，人性能达的境界也许会更加斑斓亮丽。

每代人都会有这一代人的缺失，我们谈论"80"后教养的某种缺失，并不表示六七十年代人的整体教养水平就一定比他们高，而是指在社会快速发展之中、在特殊的社会文化背景之下成长起来的"80"后，他们的行为样式确实表现出了某种不同以往的特异之处，这其中隐含着的缺失需要引起我们足够的重视。由于"80"后缺少吃苦的经历与更多的人生的历练，又加上应试教育的痕迹比较明显，所以，他们身上表现出来的某些问题足以让我们反思其中隐含的教育缺失。实际上，我们不得不考虑的另一个重要的问题是，如今越来越多的年轻人表现出了理想虚无、价值迷茫与信仰缺失，我们不能不反思，在社会快速现代化的过程中，我们是否存在某种整体精神资源亏空的危机。

当然，我们谈论"80"后的某些缺失，也许还有另一种可能，那就是不是他们错了，而是我们的眼光错了。这意味着反过来，我们应该耐心地去倾听他们的声音，发现他们身上人性的力量。对于他们自身而言，不把自我锁闭于个人想象的世界之中，乐于敞开自我，更多地学会去接纳他人和社会，理解周遭的人和事，形成积极开放的人格姿态，提升个人生命存在的精神品格。

爱感、美感、死感与个体意识的产生

教育如何引导个体在日常生活中找到自我？蔡元培把美育作为沟通现象世界与实体世界的桥梁，那么美育作为一种形成，内容是多种多样的，最关键的是三个：爱感、美感、死感。

关于爱感

湖南有名的花鼓戏《补锅》是一部很有教育意蕴的戏曲。《补锅》从整体中的我转向个体中的我的过程，以革命者的身份进入补锅这个活动中的时候，他的自我是隐匿的。"革命工作没有好坏之分"，革命身份遮蔽了自我的身份，个体意识与整体意识微妙的变化，在补锅的过程，常会流露出属于他自我的生命痕迹来。

为革命工作是很光荣的一件事，但实际上，去掉革命这个"魅"，补锅并不是一件能显现个人生命意义的事件，因为个体生命和革命事业的同一化，使个人的感受性处于一种缺席的状态。恰恰在这个背景中，出现的又是一个生命的故事，在革命大背景中，个体生命是如何显现的呢，或者说在革命大背景中，个体性如何成为可能？

很显然，从整体到个体意识的源泉就是爱感，正是爱感让这个补锅者由一个"去我"的个体变成"我在性"的个体。爱感使个体站起来，回到自我。作为发生在个体生命中的真实的爱，它是一种关涉,是一种生命的联系。正是在生命的联系中,个体回到自我,并且找到自我,所以爱感本真就是一种属己性的情感,从自我生命出发抵达他人。爱愈充分,则自我个体敞开的程度也愈充分,正是在爱中,我们成为"自我",成为你自己。

关于美感

《尼多斯的维纳斯》,古代雕塑中的极品。传说他的作者普拉克西特曾以情人芙丽涅为模特,雕刻了两尊爱神维纳斯像,一尊穿衣,一尊裸体。科林斯城居民选择了全裸维纳斯,这一雕塑使尼多斯城名震希腊。到今天,这尊雕塑共有大约 200 件模仿品。专家们还在争论原作诞生的日期,以及维纳斯是正准备脱衣洗澡,还是洗完正在穿衣服……他们只在一件事上达成共识:爱神维纳斯不可能因为羞耻而去遮挡自己。如果她把手放在身下,可能恰恰为了展示她所掌管的是爱情冲动根源。芙丽涅被以"亵渎宗教"这一大逆不道的罪名受审。为芙丽涅辩护的人叫伊贝西德,他为她耗费唇舌说完辩词之后,走到芙丽涅面前,当着全体审判席,猛地脱掉她的衣服,就像为广场上一尊落成的雕塑掀开幕布那样。震惊、赞美、欲望,还有突如其来的怜悯,审判席当即宣布芙丽涅无罪!另外一个版本是,芙丽涅一把鼻涕一把泪地向审判哀求。泪水盈眶的她超乎寻常的美丽动人……

美就是世界上最不公平的东西。在这里,美感改变了法官生命的基本姿态,这是美对法理的胜利。美感乃是古典教育的关键,教育最根本的东西在哪里?美感是教育最根本的要素。

关于死感

在对死亡的感觉中，一个人清晰地回到他的自我。死感是不能与他人共享的，难以言说的发自内心的、植物生命的内在体验。一个人生命的历程像死而生的过程。对于我们人生而言，死在何处发生，死作为一种感觉，总会不断地先行到此，到当下的存在之中。正因为如此，死感是当下生命存在的基本质数之一，当下活动都是与死感分不开的，是生命要素之一。一般情况下，死感是潜伏在生命之中，个别情况下偶尔会比较突兀表现出来。面对他人的死和自我的残缺、疾病，死感让我们直面生命的本真。只有我们与死亡真实晤对时，生命的本真才会清晰显现出来，生活的本真才会越过日常生活的遮蔽显现出来。

偶尔读到下面这样一个故事。

有个 15 岁的女孩身患绝症，生命垂危。

医生悄悄地对女孩的父母说："她可能活不过今晚了。"但是她的思维仍然正常，她会很清醒地离开这个世界。这事要不要让她本人知道？

女孩的父亲说："我和她妈妈都非常难过，但是我希望她知道这件事。或许对她来说，我们的诚实最可贵。"

女孩听到自己将要离开这个世界的消息之后，眼睛闪烁着一种充满信念的光芒。她对母亲说："妈妈，你把我打扮得漂亮点吧，像小时候参加文艺表演的样子。"

母亲点点头，为女儿梳理好头发，还在她的脸上涂了漂亮的腮红，把眉毛描得很整齐，嘴唇也搽了透明的泛着光彩的唇油。于是，女孩看上去虽然无比瘦弱，却仍然很有朝气。特别是那双眼睛，依然神采飞扬。

此时，已经是下午三点钟。

女孩快乐地听着母亲朗诵她最爱听的《灰姑娘》，又很缓很缓地唱歌给母亲听，还看着陪她的护士姐姐们做游戏。

时间嘀嗒有声。

午夜过去。

凌晨三时，小女孩翩然离去。

所有人眼噙热泪，却面带微笑，看着她的美丽在脸上定格。因为大家都听到她最后说出的一句话：

让时间老去，而我永远年轻。

死感是促进她生命完成的一个核心关键要素，促进她人格的飞跃。医学人文的真谛是治心，不仅仅是治身，恢复一个人生命面对对抗疾病、死亡的尊严，让人获得生命的幸福。

当我们置身于宇宙洪荒之中，而且又难逃一死，所以才使我们从中迸发创造自我的可能。人格的健全与完成由此得以发生，死感本身让我们进一步地关注爱、美，关注生命的本真，爱感回到自我，美感提升自我，死感就让我们完成自我。死亡是人世间最重要、最严肃的哲学实践。

对于人格发展而言，不管世俗生活多么变幻莫测，对于构成我们生活的诸多冲击，依然可以回到自我、本真，守住生命的本真。在那里我们获得生命的幸福与安宁。

《霍元甲》：探询一种生命救赎的路径

这几天来，我一直在思考个人生命意义与生命救赎的问题。我知道，作为渺小的个人，我不足以关心人类，我关心自我生命的救赎，关心个人生命的意义之路。面对世俗化的浪潮，面对欲望膨胀的周遭世界，人何以显现人之为人的尊严？面对纷扰的社会，一个人何以作为一个主体的人？时光流逝，生命的路径通向何方？一个人怎样从日渐平庸化的社会潮流中，以主体的姿态站立起来，这是一件多么艰难的事情。

有一天我出差回来，坐在影视大巴车上，车上正在播放李连杰主演的《霍元甲》，这部片子以前看过，在车上没事做，还是饶有兴致地看起了影片。看着看着，突然想到生命救赎的问题，影片中霍元甲不正好显明了一条生命救赎的路径吗？

影片从霍元甲儿时写起，在少年好友农劲荪的帮助下，偷习武艺，立下做"津门第一"的志愿。长大后霍元甲在一次比武中将对手秦爷打死，却遭对方家人追杀，母亲和女儿均惨遭杀害，陷入绝望的霍元甲逃到农村，在月慈姑娘的帮助下，霍元甲随即隐姓埋名在此生活了三年的时间。在这三年之中，他和月慈之间产生了感情，在她母性魅力的感染下、恬静平和的田园生活也让他沉下心来思考武术对于一个人，对于一个民族的真正意义，并渐渐悟到了武学的真谛。八国联军入侵中国，霍元甲借农劲荪之力，到上海挑战大力士成功，随后开办精武体操馆，但不久之后惨遭日本人下毒，英年早逝。

这部影片虽然明显有着中国电影的通病，即主题的过于先行，阻碍了影片故事的自然展开，使得电影叙事的人为痕迹太过明显。但作为体育人，影片对武术理念，以及对习武者的生命姿态的理解，在国内体育界，则绝对是一流的，甚至是十分少见的。

影片的前半部分乃是作为武者的霍元甲的个人自我的膨胀期，要做津门第一，要用拳头说话，期待着观者对自我英雄般的注目。正是膨胀的自我，阻碍了个人主体积极发展的路径，一直到在未明事由的条件下打死秦爷，招致报复，引发个人觉醒。对武术、对武者生命的救赎之路由此靠鲜血打开。如果说亲人与对手的鲜血是霍元甲顿悟的开始与自我救赎的原点，那么影片中霍元甲隐姓埋名的田园生活以及与月慈姑娘的相遇而至自我修复与走向新的完整，所传达的救赎路径就是两条：一是月慈姑娘所寄予的爱与美；二是月慈姑娘的淳朴以及田园生活本身所代表的自然回归。爱与美不仅敞开霍元甲锁闭的胸怀，而且勾销了长驻心头、挥之难去的霍元甲童年站在擂台上那一声"从此以后，我不让任何人把我从这里打下去"的呼告，给霍元甲的生命世界注入崭新的内涵，把为了恨的生命品质转换成为爱的生命品质。对自然的回归则使得霍元甲对体育、对人生的理解回到元初，回到本色，武术并不是为了制服他人，戕害生命，而是为了成全自我，成全生命，暴力是无力的，只有爱与精神永恒。从此霍元甲怀抱对武术和对生命的理解重新走上擂台，这一次他不是表达恨，尽管这中间也有民族大恨在其中，但作为在回归武术元初精神中获得新生的霍元甲，重新站在擂台上所要的已不再是恨，不再是以暴易暴，以恨泄恨，而是爱，是以武德报怨，以爱来包容一切，勾销人与人的阻隔，向世界传递中华武术的精神，传达武术本身的内在灵魂。霍元甲虽然倒下，但他的精神与人格却庄严地重新站立起来。

2005 年 10 月 13 日下午 4 点，李连杰在北京大学英杰交流中心进行一场以"关爱生活，珍惜生命"为主题的演讲。这实际上是他对体育与人生理解的进一步阐释，也是他自我人生经历的证实。李连杰其实只是借霍元甲来浇自己心中的块垒，传达自我的心声。他的这段表白就是《霍元甲》的基本主题："我其实有点自闭，因为太早出名了，有很大包袱，就很保护自己，生怕说错了，说错了会影响别人，直到最近几年，因为佛教的关系，给我足够的勇气去面对社会，再也不再为自己做事。四十岁前为家庭、太太，接下来就是回馈社会，我不希望有一个立足点，有一个立足点就开始有痛苦，我把自己干掉，消灭自我，消灭李连杰。"

"我看到很多所谓自由的人里，心并没有释放出来，为什么？因为心已经变成物质、名和利的奴隶了。为什么呢？因为我一旦需要什么，没有这个我就会痛苦，有了这个我希望有更好的，我还是做它的奴隶，别人说我好我开心，别人说我不好我就难受，你是不是活在别人的语言里，你是不是活在传媒里？别人写我不好我就痛苦，别人写我好我就开心。这还是变相的生活在别人的阴影底下，怎么样才能够释放心灵，把最好的东西释放出来。我觉得人类，不管是中国人、美国人、全世界的人，作为人共同的追求目标就是幸福、快乐，这是人类共同追求的，但另外一个东西是大家共同认同的。人是生活在人群里，人群里就需要关心、爱和付出。"

从执着于小我，实现小我的功名，到走出小我，走向他人与世界，用爱来包容周遭的一切，真正把自我与他人和世界合一，实现个人生命的救赎。在那里，个人生命得以紧紧地贴近大地，生命获得了前所未有的厚实。从何处来，到何处去。生命来源于大地，又回归大地。

"轻轻的我走了，

正如我轻轻的来；

我轻轻的招手，

作别西天的云彩。"

生命原本就是一个过程，无论多么辉煌都将随着时光飘逝，真正留得下的只有爱。武力可能是一个解决问题的方法，但一定不是唯一的方法，暴力能够征服别人的肉体，但永远征服不了别人的心。只有爱，才可以包容一切，可以征服整个人类的心灵。

学会去包容各种文化，包容不同的政见，不同的信仰，把爱的信息传递出去，而不只是打架，获得成功，赢得名誉，这是我们尚待学习的一种重要的心灵品质。李连杰用一部并不精彩的电影在阐释一种武术的精神，在传达一种体育的文化，也在阐释一条自我生命救赎之路。

面对人与自然的分离

自古以来，自然带给我们人性的洗礼，我们与自然相互依恋，人与自然是无隔的。所以才会有陶渊明的归田园诗，要从政治权舆之中跳出来，回到自然。"采菊东南下，悠然见南山"，陶渊明的诗歌传达出人对自然的依恋之情。自然是人类永恒的家园，不只是物质的，更是精神的。就在人与自然的和谐中，我们感受到了自然的诗意，对自然诗意的发现，就是对自我心灵诗意的发现，是个人主体意识在与自然相遇中的重建。

人与自然原本就是一体的，人筑居在自然之中，人的生命从根本上是与自然一体的。随着技术的发达，随着人类自立能力的提高，人逐渐把自己从自然中隔离开来，人与自然形成一种"有隔"的关系，人发现自己可以摆脱自然而生活在自己建构的关系中，自然成了人类的一种工具。从"听取蛙声一片"到"青蛙好吃"，青蛙已经被彻底物化了，不再是大自然之中一个有机而独特的生命体，不过是一具有使用功能的美味的物。出去旅游，如果你把世界看成疗治你创伤的药，你和自然还是相隔离的。这是自然的物化、自然功利化的典型。当我们以功利的眼光来看待自然时，就意味着我们自身的物化、功利化，周围的一切都成了我们的工具。正因为如此，我们才需要去寻找生命的真谛，找到人类生命的出路。通过自我生命向自然的敞开，重新找到生命的丰盈。自然是丰盈生命最重要的形式，人从根本上就是自然，生态的失衡从根本意义上就是人心态的失衡。这些都是我们每天可以亲历的事情，我们都生活在人与自然的关系中，我们都可以走近自然，亲历自然，让自然也走进我们的世界，成为我们生命的本原性基础。

当下人普遍存在着焦虑和不安，从根本上来说是因为人与自然的背离，这里的自然不仅是外在自然，同时也包括个体内在的生命自然。我们的教育中也存在把人不当自然的人，而当应试的工具的现象。尊重自然、尊重自我生命的自然，这是人类生存最重要的理念，也是教育的至关重要的理念。每个人都是一个人，这是说人的尊严；每个人都只是一个人，这是说人作为自然存在的限度。所以，我们需要时刻记住的基本理念就是：每个人都是一个"人"，不是工具，不是物；每个人都只是一个"人"，不是神。

我们需要什么样的人性期待

把教育的基石建立在人性向善的价值期望之上，虽然美好，但却可能是脆弱的、不可靠的，缺少对抗坚硬现实问题的韧性和可能的力量。把教育的基石建立在现代社会基于普遍认同的人与人相处的基本规则之上，树立人人平等的社会理念，承认每个人的独立性，建立人与人之间不可剥夺的正当边界，以此作为尊重与信任的基础，看起来降低了起点，一点也不诗意，但却更实在。尽管我们现实中周遭的个体可能表现出各不相同的人性资质，但只要我们树立了人与人相处的基本规则意识，保持人与人相处的边界，我们照样可能尊重、信任他人，并且受到他人的尊重与信任。

好友肖川近年来近乎执着地呐喊"人性向善"以及以之为起点的对人的尊重和信任，坚决反对教育中的灌输、奴役、规训、模塑、歧视，倡导一种主体的、人本的、尊严的、信任的教育品质，其《教育的理想与信念》可谓这种教育理念的殷殷叙说。肖川诗意的言说，激情的呐喊，睿智的思索，为沉寂的教育学吹来了不只是一缕和煦春风，更是一种关切现实教育问题的崭新姿态。

肖川许多发自肺腑的灼见，我都是心悦诚服。我也曾这样写道："当我们在教育中言称人性善时，并不是表达对人性的一种纯事实的客观描述，而是表达我们对人性善的一种美好的向往和企盼，肯定每个个体的内在向善性的存在，在此基础上我们才可能真正发自内心地去信任个体，并且尊重每个个体存在的价值与尊严，我们才可能想方设法去激励、充分发挥每个个体的积极性、创造性和人性的丰富性，使个体人性、人情、人格得到全面涵蕴与自主生成，在教育中努力彰显一种民主、平等的教育精神，使教育活动体现出积极、乐观、明朗向上的精神气质，或许这就是教育的真义之所在。"我原本一直对这种由美好的人性期待而生长出来的美好的教育期望深信不疑，但近年来，我逐渐地开始怀疑，我们是否找错了方向？我们美好的人性期待和教育设计是否又成了对历史与现实之中的深层问题的遮蔽，甚或是更重要的问题的遮蔽？现实教育的问题图景是否果真如我们所说？美好的人性期待是否是开启我们今天教育问题的关键钥匙呢？

2001 年，在桂林召开的全国教育基本理论年会上，康永久提出教育研究的浪漫化问题引我深思，我们的美好的人性期待是否本身就被浪漫化？我们今天的教育现实中真的缺少的只是人性向善的乐观期待吗，还是别有他求？我们系教育于美好的人性期待是否本身就成了另一种误区？一种主体的、人性的、尊严的、信任的教育，其起点究竟是什么？或许，对于我们而言，换一种视角，来点疑思、否思，未尝不是一件好事。当我们试图把人性向善视为对人的尊重和信任的基础与条件，甚至由于过分夸大了人性向善的意义而使之在一定程度上成了后者的必要而充分的条件时，我们美好的人性期待也许就成了那"障目"之"一叶"。

从历史而言之，我们的历史上从来就不缺少人性向善的期待，尽管从孟子、荀子始就有人性善论与人性恶论并举，但从先秦儒家到宋明理学、到心学，整体而言，人性向善的预设明显占据了主导。但一个明显的事实是，我们的历史恰恰缺少对人的尊重与信任，近乎严密的宗法等级伦理规范体系与制度根本没有体现对个体的人的尊重和信任，个体的人只是作为伦常序列实现的符号、载体、工具。何以在口头上、在理念中充斥着人性向善，而在实际中做出的又恰恰是截然相反的人性本恶的设计呢？可见，从前者到后者中间还另有一些关键性的质素，那些东西才是我们的社会所真正匮乏的，那些东西才是普通个体得以被广泛尊重和信任的真正的前提条件。那是什么呢？那是被我们的几千年的宗法等级社会所磨灭、消弭了的每个人的独立性。正是这种独立性的匮乏，以及由此造成的人与人之间的根深蒂固的不平等，和由此而生的一部分人对另一部分人的道德优越性和人格上的僭越，从而有理、有据而有效地抹杀人与人之间的边界，随意侵害、贬损他人的人格。在此，人性善的理念不过是对他人进行美好道德蓝图设计的依据。没有对个人的独立性的真实认可，没有人人平等的普遍观念，一味地高扬人性向善，其结果就是中国几千年来，至今都还没有褪去的道德理想主义，或称泛道德主义。

从现实而言，我们正在建设法治社会。这意味着法律是作为社会成员最基本的善，而不是最高的善，法律越来越多地成为社会组织和社会成员的基本道德依据。换言之，我们对社会的道德筹划正越来越多地转向对于基本的、底线的善，也就是公正层面的伦理规范的关注，而不是作为美德的善，尽管美德的善也是我们大力弘扬、倡导的，但作为社会公正的善优于作为个人美德的善。作为社会公正的善对作为个人美德的善的优势意味着公共的、维护社会公正秩序的、基于底线的善带有某种强制性，要求社会成员人人遵守，不管你本性如何；而作为个人美德的善则成了个人道德生活的自由自主的圈隔，成了个体私人生活的领地，在那里，个人可以选择自己所期望的道德的生活方式，只要不越过社会所提供的道德边界。人人向善固然重要，但在今天，比人人向善更重要的是，每个人在遵守社会基本道德规范基础也就是法律之上的个人道德生活的自由自主，其中包括每个人选择自己生活方式的自由自主，同样包括个体对自己人生善与不善的自我决断，而不是先天地就被剥夺了个体对善与不善本身的选择的自由，而只能无条件地选择向善。当我们这样说时，并非论证个体为恶的合理性，而是论证个体道德自主的合理性，换言之，为善抑或作恶，都是基于个体的选择，只有建立在个体的道德自由自主选择、决断的基础上，个体普遍的道德智识的提高才真正得以可能，社会的道德水平也才可能走出柯尔伯格所言儒家文化圈所一直停留的习俗水平而达到超习俗水平。

我们不妨问一问当今社会缺少的究竟是什么。早在一百多年前，章行严先生就指出："中国人之思想，动欲为圣贤，为王者，为天吏，作君，作师，不肯自降其身，仅求为社会之一分子，尽我一分子之义务，与其余分子同心戮力，共齐其家，共治其国，共平天下。"传统伦理教化浸染出来的中国人缺乏人己平等的观念，视他人为某种权威人格的附庸，个体修养的目的只是为了使自身超越于他人之上。表现在教化关系中，传统的"传道、授业、解惑"的教化姿态，使得作为教化者的知识人总是有意无意地把自我设定为他人道德的设计者、仲裁者，从而以道德优越者、高位者的姿态把自身理想的道德图景理直气壮地加之于他人。直到今天，我们的骨子里缺少的正是一种人人独立、平等这一作为法治社会不可或缺的基本价值理念，这使得我们有意无意地摆出一种道德家的姿态来教导他人如何做人。这也是肖川极力反对的，只是他更多地寄希望于美好的人性期待。如果没有人人平等的价值理念，美好的人性期待可能会大打折扣，甚至会适得其反。在这里，我们不能不问的一个问题是，我们美好的人性期待所真实期待的究竟是什么，是以此作为对他人进行美好人生蓝图设计、借以巩固我们的人生导师身份的依据，还是作为人人平等、他人独立自主发展的起点？

西方文化理念中以原罪作为基本人性预设，表达的是一种人性本恶的价值期待，恰恰在今天的社会中表现出来的是对人的尊重和信任，而我们的文化理念中充满了人性善的乐观期待，现实中却正好相反，大量充斥着对人的不尊重、不信任。人性善恶并不能推出对人的尊重和信任，对人的尊重和信任另有别径。我们不妨从尊重和信任本身谈起。尊重和信任的基本意味究竟是什么？尊重和信任意味着人与人之间有着不可侵犯的边界，正是因为每个人都有一个神圣的、不容随意侵犯的边界，我们才可能把那个边界内的自主权交由其本人，不由别人随意染指，这样才可能真正地尊重并信任他人。对人的尊重和信任，总是有某种具体现实内涵的尊重和信任，说白了就是对个体一定限度内的自由自主的尊重和信任，也就是承认每个人的独立性，保持个体一定限度内的自由自主的空间。

我们固然可以而且应该对人性充满着信任，但不管是历史还是现实，都提示我们对人性的信任应有起码的界限。对人性的信任既可以成为尊重人的理由，也可以成为奴役人的凭据。我们努力张扬人性，张扬人的个性，并不意味着我们对人性毫无芥蒂。伯克在《法国革命感想录》里，把"没有智慧和德行的自由"称为"万恶之首"，而且这种未经教化、不听管束的自由往往最有诱惑力和欺骗性。当我们拒斥灌输、规训、压制、贬抑的教育理路，并不意味着我们可以无视个体人性的缺失，我们只是把基于外在威权的规训诉诸个体人心自觉，诉诸个体理性自律，而不是放任。"如果多样性未经人文的陶冶，如果它不是心系更高的生命、生活，而仅仅表达了武断、任性与怪癖，那么，它就会带来种种波动、反复，甚至更糟的后果。"这意味着我们对人性的信任是有条件的，是有边界的。这也就是现代法治社会把社会的基石诉诸理性制度的完善而不是人性的善的关键之所在。

把教育的基石建立在人性向善的价值期望之上，虽然美好，但却可能是脆弱的，不可靠的，缺少对抗坚硬现实问题的韧性和可能的力量。把教育的基石建立在现代社会基于普遍认同的人与人相处的基本规则之上，树立人人平等的社会理念，承认每个人的独立性，建立人与人之间不可剥夺的正当边界，以此作为尊重与信任的基础，看起来降低了起点，一点也不诗意，但却可能更实在。尽管现实中个体可能表现出各不相同的人性资质，但只要我们树立了人与人相处的基本规则，保持人与人相处的边界，我们照样可能尊重、信任他人，并且受到他人的尊重与信任。人生而平等，因而每个人都同等地值得他人的尊重，不管人性善或者恶，尊重都是不可或缺的。这也就是说只要是人，就应该受到起码的尊重，这实际上意味着对人的尊重是不需要理由的，这样我们就回到了尊重的最原点。

教育可以是诗意的，或者说教育中不能缺少诗意，应为一种理想的精神气质所充实。但今天的教育同样很实在，或者说时刻需要跟实在的东西打交道，在此意义上，教育又很现实，容不得太多的浪漫期待。同样，教育思考可以是诗意的，甚至我们的教育研究缺少诗意的质素，以之来启迪现实教育的诗意的、理想的品质。但教育思考同样必须面对现实，坚守自身的理性立场、批判立场，冷静而深入地追思历史与现实深处的教育理性。

感受一种素面朝天的温暖

收到河南《教育时报》寄来的报纸，看到一则消息，一名三年级小学生凭借一篇 107 字的短文获首届"冰心作文奖"一等奖。我随即把这篇文章念给研究生听，和他们一起讨论。全文如下：

妈妈回来了

前段时间，妈妈去杭州学习，去了好长时间，可能有一个月吧。今天，妈妈终于从杭州回来了，我非常高兴！因为妈妈的怀抱很暖和，因为妈妈回来了，爸爸的生日就能过得更好，因为妈妈在家里会给我读书……

妈妈不在家的时候，我很想她，想妈妈的感觉，是一种想哭的感觉。

实事求是地说，这篇作文就文章本身而言，并不见得怎么高明，写的每一句话似乎都应该是这个年龄阶段的小孩子可以随意道来的。之所以能获得美誉，除了文章本身的因素外，恰恰是这种小孩子们本应随意道来的话渐渐远去。

评价事物的好总是有一个视界、地平线，一件事物，一篇作品的好是在我们视野中呈现出来的好，这篇小小的作文何以呈现出好呢？它的基本背景有两个。

一是大的社会背景。在这个现代性的社会中，在打开物欲门槛的现代性社会中，人的心就像被放逐了缰绳的马一样，人容易迷失在物欲和时尚之中。这篇短小的文章，正是给在物欲和潮流之中沉沦的我们找到一种生命的单纯与温暖，这篇文章直接以童心的方式自然地展现出来，一下就可以让我们穿越了这种成人世界的重负，而重新回到母亲的怀抱，回归到赤子之心。

二是当代教育的技术化，以及被教育技术化的儿童和他们的语言表达。作文实际是一个人的存在方式的表达，言为心声，技术化的教育、技术化的作文、技术化的作文训练方式正在逐步使学生的作文变成一种文字的游戏，失去了活生生的生命情怀，失去了真实。这篇文章正好是以自然、率真、童趣、温馨的方式表达出来，让我们真切地感受到一种对技术樊篱的超越与远离。素面朝天，"清水出芙蓉，天然去雕饰"，让我们在教育中找到教育的目标，要让我们的孩子们学会自然率真地生活，这其中所孕育的乃是一种对自然善好的追求，是一种教育之本真目的的守护。我们最终还是要回到教育的地平线上来思考，不管是评价学生的作文，还是学生自身的发展，都需要我们思考究竟什么是教育，什么是我们今天值得追求的教育。

妈妈的温暖的怀抱代表着爱，一家人一起为爸爸过生日代表着和谐，妈妈给孩子读书代表着心智的引导。小孩子纯朴的话语之中实际上传达了儿童生命成长最本真的呼唤：爱、生存环境的和谐、心智的启迪与引导。反过来，怎样让孩子们自由、自如地传达他们成长之中生命真实的需求，难道不正是当下教育实践中一个重要的命题？

教育在任何时候都不应是纯粹的技术，而应该拥有足够的人间血肉的温情，应该有对素朴人生的关切。这篇文章实际上以一种真正属于儿童的方式提示我们，什么是真正的教育，什么是人心浮躁时代真正的教育追求。

个体知识、人格独立与教育民主

1951 年到 1952 年，波兰尼受邀在英国阿伯丁大学进行了吉福德演讲，着手发出建立后批判哲学的挑战宣言。从这时候开始到 1958 年，他花了整整 7 年时间将吉福德演讲的内容整理撰写成自己最重要的哲学代表作《个人知识——迈向后批判哲学》。在该书的前言中，波兰尼介绍道："本书主要是针对科学知识的本质及其合理性所做的一个探讨，但我对科学知识的再思考却引出了科学领域以外范围广泛的问题。"他要掀起的是人类整个认识论上的一场翻天覆地的根本性变革，他要告诉全世界，在他即将构筑起来的意会认知的华丽框架上对知识发生作用的个人因素不仅是合法有效的，而且恰恰是知识里最重要的并且是主宰性的部分，知识就其本质而言就是"个人知识"。个人因素不仅不是知识中需要剔除的瑕疵，甚至就是知识的知性中心！他要告诉我们传统认识论中可"言传"的客观的知识和理性并非主体，"知识是有人性的"，"知识是一种信念，一种寄托"，知识中有人类热情洋溢的奉献和无处不在的参与，并且这种参与和奉献、信念和寄托铸就的个人知识是人类知识中根本性的东西。在此，波兰尼是用个人知识来对抗人类认识论中的客观主义，从而为个体自身内在因素在知识建构中的合理性存在提供热情的辩护。

不仅如此，波兰尼毫不隐晦地表达他对人类和对个人知识的赞美，在"生物学与哲学上的自我认可的融汇点上，人站起来了。

他起源于自己的召唤中，矗立于真理与伟大性的天空底下。这个天空的教导就是他的思维的群体语言，即他用以统帅自己、满足自己的求知标准的声音。它的统帅驾驭着他行使自己的责任的能力。它用制约性的目的约束着他，给他捍卫这些目的的权力与自由"。在此，波兰尼清晰地表达了他的个人知识的另一重要意义，那就是它正是个体走向自由与责任的基石。个体人格的独立乃是意味着个体能摆脱他人的控制，使用自己的经验、理智来思考、判断、言说。换言之，既能运用个体所获得的带有个体性特征的知识结构来思考与言说。"我知"故"我在"，"知识即美德"，个体人生建立在个体知识底架的关照之中。

从个人的知识体系建构途径而言，个人的知识，包括外来规范型知识和个体经验型知识，前者往往是个体通过正规的教育途径而接受的具有合法性的公共知识，后者往往是来自个体生活经验的、渗透了本土习俗传统和个人感受性的缄默型知识。从构成方式而言，则是两种知识相互对话而综合成的知识结构，即是在承认两种知识各自合法性的基础上，以个体缄默型知识基础与背景来创造性地理解、接受外来规范型知识，从而在个体创造性、自主性的理解与接受中建构个体内在的、切身于个体生存经验、又能超越个体经验的完整知识结构。

一般说来，个体缄默型知识的获得往往先于规范性知识的获取。缄默型知识由于其来源于个体鲜活的生活，来源于个体生存的基本经验。所以，在个体完整知识建构的过程中，对个体缄默型知识的尊重，意味着对个体既有经验的尊重，对个体生活经历的尊重，实际上也就是对个体人格独立的尊重。因为，在此时此刻的教化(教育)生活中，个体对此情此景的参与和言说所凭借的就只能是个体既有的经验型知识，对这种知识的不尊重，实际上就是剥夺了个体以独立自主的姿态参与当下教化(教育)活动之中的可能性。

正因为如此，个体缄默型知识的合法性乃是个体人格独立的知识学的依据。扩大一点来说，个体在接受新教化(教育)知识中的前知识结构的合法性，乃是个体在新教化(教育)活动中保持人格独立的知识基础和前提条件。当外来的规范型知识，特别是与个体既有知识经验全然不同质的外来知识，凭借其权威进入个体知识结构体系之中，构成对个体前知识结构，特别是对个体缄默型知识的颠覆性冲击。即一个人原有的知识或者说认识、观念以及个体内心难以直接言说的经验性感受，都成了错误的个体知识时，这种外来规范性知识就构成了对个体的权力控制，为个体在此教化(教育)情景中的人格屈服提供了重要的支持，甚至它本身就足以导致个体的人格屈服，或者说就是个体人格屈服的重要标志，意味着一个人放弃了他自己原来所坚持的观念认识，而全然听命于当下外来知识观念体系，个体只能作为被动的听者而置身于当下的教化(教育)情景之中。

合理的教化(教育)模式，应该是在尊重个体既有知识经验的基础上，在个体前知识结构合法性存在的基础上，展开新旧知识的对话，展开教化(教育)双方的对话，从而在个体积极主动的参与中获得个体新知识体系的建构。正是因为个体缄默知识的合法性存在，个体在当下教化(教育)情景中始终是主动的，是作为一个完整的人而存在。个体人格是独立的，而不是盲从的，更不是屈服的。这或许是波兰尼的个人知识对我们认识知识教化对于个体的意义所提供的一个重要的启迪。

由此可知，颠覆与外来新知识体系不同质的个体既有知识经验的合法性，这是不是一切专制型教化（教育）的奥秘？而尊重个体既有知识经验，尊重个体难以言说的内在感受，不论这两种知识是否同质，在此基础上，引导个体积极参与于新旧知识的平等对话之中，这难道不是走向民主型教化（教育）的必要路径？

守护做人的尊严

有天傍晚，我在家附近遇到一位吹笛子的艺人，并不优雅但十分卖力的笛声让我走近了他。

——你是哪里过来的。

——这是什么呢？你这个是什么呢？

——这是我的一个采访机，我想采访一下。

——采访机，采访什么呢？

——我想了解一下一些社会流浪艺人的生活状况。

——这算什么艺人，没有办法，流浪街头。

他连连摇头，并不承认他的艺人身份。摇头中流露出几分无奈。我想打消他的顾虑。

——不是，不是，怎么说呢？你也是在我们现在这个社会各行各业当中，靠自己的一种实实在在的努力来获得正当的社会回报，这是正常的。

——这没办法。

——老家是哪里的？

——山东的。

——山东哪个地方？

——山东沂蒙山区。你应当了解。

——对，沂蒙山区，原来是革命老区，现在有了什么特别的变化吗？

——那个地方是穷的地方，因为山区必然经济上不去，地方贫。

——家里有几口人？

——能出来的都出来了，还有父母。

他的话语中已经表露，他是由于生活的窘迫而出来谋生。

——你基本上全国各地都去？

——不是，我也不是干这要饭，为什么要全国各地到处要饭？不是，不是。因为我出来是想找点事情做的，没找得，没办法，回家得要路费，怎么办呢？我喜欢音乐嘛。

——我觉得这挺好的。

——所以攒点路费，以后回家。

——你出来好久了？

——出来几天了，找不到工作，没办法，回不去了，不是近能跑回去，对吧。

——现在大家能接受你这种方式吗？

——也有，还有好人。

这是我感受很深的地方，一个近乎乞讨的艺人，极力想让我明白：他不是靠这要饭讨钱的，充其量只是临时的。

——要（钱）么，又不好意思，很不好意思，这种地方不好意思要。

——不是不是，我的意思是你要打破这种观念，完全可以正正当当地坐在哪个地方，因为这在国外是很普遍的一种事情，本来这也是很正当的，流浪艺人也是凭着他的手艺，也是一种谋生的方式，并且给城市增添了一种异样的东西。

——真是说这个吧，我又不是要饭的。……如果我不出工的话，你也不会陪我聊天，对吧？如果我要伸手问你的话：师傅，帮两块钱路费，你也不见得给我。如果你要听到我的笛声，如你有这种喜欢爱好。

他无形之中又认可了靠简单的卖艺而谋生的事实，但他竭力要说明的是：我不是要饭的。

——你今天出来，别人一般能给你多少钱？

——要给一块钱？那给啰，别人都是给我一块钱。

——给一块钱，大概一天能要多少钱？

——我才要了两天，一天要几块钱。

——你不打算以这种方式（长久下去）？

——这是不可能，这个本来就不是，反正这个不能一块生活。

——你笛子吹了好久了？

——笛子当然是在小时候就好上了，反正吹不好，因为没经过正规训练，吹得也不正规。

——大概你到长沙来好久了？

——到长沙四五天了。

——你现在住哪里?

——哪能住哪个地方,有钱就是回家了,没钱也住不起,只能是马路边上随便找个地方住住呗,天也不会太冷。

——一天三餐呢? 一般是?

——一般是中午十一点半到一点不到,我就让他休息了,不要了。晚上五点要到七点,黑天了,又回去了。又不是一天到晚地要,对吧? 要几块钱,好心人帮到路费咱就回家。

——你是有了路费就回去?

——对,在外天一天比一天冷,还是回家,再说路程又那么远,外边再好,也不如自己的家,金沟银沟也不如自己的穷沟嘛,我们是那样说。

当他把他流浪的身份自然展现之时,闪烁的眼光中深情地流露出对家的想望。我给了他 5 元钱,他吹了两首歌作为回报,一首是《青藏高原》,一首好像是《血染的风采》。我看他有些高兴,旁边路上又有人扔了硬币下来,他一路卖力地吹过去,只留下那带着几分羞涩、几分掩饰、几分生活的渴望,深深地印在我的心头。我感受到一个社会最底层的个体在生存与尊严之间的尴尬,以及对尊严的渴望。

是的,尽管现实的个人总是存在着各种各样的差异,特别是生存样式的差异,但每个人生存的底线,就是一个人作为人的生命的尊严,这是没有身份之别的。我们在小心地守护自身存在的尊严的同时,也要小心地守护他人,守护我们身边的每个人,哪怕是流浪乞讨者的尊严,守住他们心中做人的那条底线。

也许我们走出社会,就能发现我们身边的社会中还确有很多生活的无奈，让我们无能为力，但我们依然可以凭借我们内心的尊重，而给他人、给这个社会多付出一点良善，一点希望。虽然我们个人的力量极其有限，但我们在给他人以希望和尊严的同时，我们也是在给自己的生命敞开一道人性的光泽。现实虽然坚硬，但我们依然可以凭借人性之理想与尊严的光泽找到生命的亮色，走出生命的晦暗。

人类文明发展一个重要的成就，就是人的尊严的确立。其经典意蕴就是康德所说：人是目的。每个人都不是他人的手段，一个人的存在以实现自身为目的，并不是为了实现他人的威权、喜好，或者逞能。小心地守护每个人做人的尊严，这是不是一切教育成功的秘密，或者说教育之为教育而不是教训之可能的底线？抑或，它就是一个人的社会——而不是"猪的城邦"（柏拉图）——的最后的底线。

重温《海的女儿》

每一次阅读《海的女儿》，都可能是一次心灵的炼狱。

安徒生童话《海的女儿》无疑是一个美丽得让人心碎的故事。当心爱的人近在咫尺，却又远在天涯，当自己本可以理所当然地赢回属于自己的爱恋，却又只能为了遥远的属于他人的爱恋而牺牲自己时，海的女儿那令人心伤的远逝，恰恰让她成为人类心灵世界中永恒的经典。那种刻骨铭心的爱恋足以穿越黑暗的星空，为人类在虚空和苍茫中找到生活的理由和存在的勇气。

海的女儿就是爱的象征，她来到人间就是为了爱恋。爱就是她的人性觉醒之中的一切。不管她在人间受到的是怎样的创伤，哪怕伤害她的就是她心中的爱恋，她依然能够无怨无悔，她心中所想的依然是用爱来抚平尘世的伤痕。也许，这本身就是海的女儿来到人世的理由。

安徒生在《海的女儿》的伦理叙事中告诉我们，生命中有些价值也许比生命本身更重要，更久长。"人类有一个灵魂；它永远地活着，即使身体化为尘土，它仍是活着的。它升向晴朗的天空，一直升向那些闪耀着的星星！"无疑，安徒生是坚信人类生活中有些价值是重要的，甚至超过了作为偶在个体的生命本身。那就是人世间的爱恋。虽然苦难可能和人的存在一样深远，面对纠缠于生命深处的苦难情结，我们固然需要勇敢、坚强，但唯有爱才是人类真正包容苦难、超越苦难的永恒之光。当一个人活着的理由恰恰又成为其不得不牺牲的理由时，当个体深陷无可避免地悲剧性冲突中时，他或她依然可以选择从容的爱恋，并且，凭着爱，他或她的灵魂通向永恒。

她知道这是她看到他的最后一晚——为了他，她离开了族人和家庭，交出了美丽的声音，每天忍受着没有止境的苦痛，然而他却一点儿也不知道。这是她能和他在一起呼吸同样空气的最后一晚，这是她能看到深沉的海和布满了星星的天空的最后一晚。同时一个没有思想和梦境的永恒的夜在等待着她——没有灵魂，而且也得不到一个灵魂的她。

……

现在太阳从海里升起来了。阳光柔和地、温暖地照在冰冷的泡沫上。因为小人鱼并没有感到灭亡。她看到光明的太阳，同时在她上面飞着无数透明的、美丽的生物。透过它们，她可以看到船上的白帆和天空的彩云。它们的声音是和谐的音乐。

美人鱼的死去，正是她的新生。冰冷的泡沫寄托着恒长的灵魂。是的，肉身个体是偶然的，偶在性的个体如何通达意义的永恒？沉醉于肉身的狂欢当然是一种选择，一种后现代的价值范式。将偶在性的肉身个体献给永恒的刹那，献给生存本身无怨无悔的爱恋，这难道不也是一种通达永恒的范式？毫无疑问，安徒生肯定不属于后现代，他属于人类精神历程之中的浪漫主义的价值恋歌，他属于过去，难道他不同样属于未来，属于人类？

如果说《海的女儿》的故事不过是安徒生对人世的理想，那么安徒生本身就是这种理想的真实实践者。安徒生出生在一个穷苦的鞋匠家庭。父亲早逝，靠着祖母外出乞讨和母亲帮人洗衣，才把他拉扯到 14 岁。他是一个外貌丑陋的孩子，当他怀揣着当舞蹈家的梦想来到首都哥本哈根的时候，首都给了他比北欧的冬天还要冷酷的白眼。剧院的经理刻薄地嘲笑他："你简直就像一根木头，连飞过的小鸟也不愿在上面栖息。"然而，这个瘦削而丑陋的青年，却拥有一颗比水晶还要透明的心灵。在一间暖气不足的房子里，他用毛毯裹着自己几乎冻僵的身体，艰难地开始了写作。他要控诉这个世界的不公正吗？他要诅咒世道人心的麻木吗？他身上围裹着的是寒冷与饥饿，笔下流淌着的，却是人类迄今为止最纯净、最美好、最浪漫、最动人的童话。

1832 年，也就是他 27 岁的时候，在他发表他的第一本童话集《讲给孩子们的故事》的前三年，他给他所居住的奥登塞小镇上的一个女朋友的信中这样写道:"当我变得伟大的时候,我一定歌颂奥登塞;谁知道,我不会成为这个高贵城市的一件奇物;那时候,在一些地理书中,在'奥登塞'这个名字下,将会出现这样一行字:一个瘦高的丹麦诗人安徒生在这里出生!"是的,他的理想一定要实现,他要成为一个创造爱与美的诗人。当个人遭遇苦难,安徒生选择的乃是以爱与美来包容他个人所遭遇的一切,不,应该说是他所理解的人间的一切苦难。从《海的女儿》《卖火柴的小女孩》,到《拇指姑娘》《丑小鸭》,安徒生在叙说着人世无法排遣的苦难境遇的同时,也在告诉世人虽然我们无法回避苦难,但我们可以凭着爱,凭着我们对真、善、美的永恒的渴望,来穿透人世的苦难,在苍茫的暗夜里,爱与美是我们内心永驻的光芒。

我曾经无数次地诵读康·巴乌斯托夫斯基《金蔷薇》的《夜行驿车》中那段令我心颤的话:"我为我的童话,付出了一笔巨大的,甚至可以说是无法估计的代价。为了童话,我放弃了自己的幸福,并且白白放过了这种时机,那时无论想象是怎样有力和灿烂,也该让位给现实。"安徒生不仅自己写出了无数美丽的童话,他的一生,就是童话般的实践,安徒生就是海的女儿在人世的见证。

作为教育之爱者,我常常不自觉地陷于对现代教育的迷思之中。现代教育关乎现代性个体人格的建构,而现代性个体人格的基本标志就是建立在理性自主之上的独立、自由、个性。培育我们的文化语境之中的现代性个体人格乃是当今教育不可推卸的责任和使命。但问题的另一面是,现代性个体人格的标志难道真的就只有独立、自主、个性的张扬吗？现代性个体人格难道不关乎个体内心？难道不是一个人内心生活品质的博大、丰富和贴近人世的缱绻爱恋？

对于我们今天的教育而言，理性精神的培育乃是当务之急，一是为我们的社会走向现代化所亟须，二是由于我们的历史文化传统中理性精神的相对缺失。但我们不应忽视的是，去积极引导、启迪和培育个体明敏、丰富、博大、仁爱、坚定的心灵世界，以提升我们民族的心理品格。如亚里士多德所言，国家的根本在于个人，个人的根本在于人的心灵，尽管我们身边的世界并不完美，也不可能完美，乌托邦不可能君临于世，但我们可以凭借个人内心的仰望而使理想世界见证于个体的心灵，从而提升个体在世的生存境界。

既如此，我们今天的教育追求就该寄予多重使命：以理性来锻造人格，以不灭的理想与希望之光来润泽人生，以人世间平凡而深沉的爱恋来启导个体人心。在此意义上，我们无法不面对安徒生，面对海的女儿，面对我们的心灵深处那一扇通向永恒世界的窗口。

第二辑 历史个体之间的人文忧思

关注我们时代的伦理觉悟

湖北青年孙志刚 2003 年 3 月 20 日命丧广州收容救治站。得知此事后，3 位普通的中国公民，于 5 月 14 日，向全国人大常委会提交一份题目为"关于审查《城市流浪乞讨人员收容遣送办法》的建议书"，由此而揭开废除该办法，转而制定、并颁布实施《城市流浪乞讨人员救助管理办法》的序幕。他们是：俞江，华中科技大学法学院；腾彪，中国政法大学法学院；许志永，北京邮电大学文法学院。他们共同的身份是法学博士。

2003 年 11 月 24 日，重庆云阳县农妇熊德明，向路过村里的温家宝总理反映，她丈夫的 2000 多元工钱被拖欠。在温家宝总理的过问下，6 小时内就要回了被拖欠的工钱。这一事件引发了全社会对拖欠农民工工资的问题的关注，熊德明因此而被评为"中国经济年度人物"。

一方面，3 位普通的法学博士敢于向国家法规申请违宪审查，一位普通的农妇敢于向总理吐露真言，这其中蕴含着的是平民个体生存姿态的重要转变，由被动服从向主动要求维权的转变，即由臣民姿态向公民姿态的转变；收容遣送条例的废除和救治管理办法的出台，以及普通农妇当选年度经济人物，这意味着包括流浪乞讨人员在内的平民个体的生存命运堂而皇之地进入了社会政治文化生活的中心视野。

早在1915年，陈独秀在《吾人最后之觉悟》一文，明确提出："继今以往，国人所怀疑莫决者，当为伦理问题。此而不能觉悟，则前之所谓觉悟者，非彻底之觉悟，盖犹在惝恍迷离之境。吾敢断言曰，伦理的觉悟，为吾人最后觉悟之最后觉悟。"近百年来，由于各种社会问题的交织，实际上中国现代启蒙的先驱者所提出的伦理启蒙问题并没有完成。当然，时过境迁，我们今天的伦理境遇已全然不同于"五四"时代的伦理境遇。当我们一方面临着社会主义市场经济制度的完善，另一方面面临着法治社会、公民社会形态的建构之时，我们同样需要相应的伦理精神支持。当我们的社会改革与发展正在稳步、深入地进行之时，关注我们时代新的伦理觉悟，或许又成了我们当前的基本问题。

伦理问题乃是回答一个人为什么活着的问题，回答一个人怎样活着才有意义的问题。马克思说，每个人在其现实性上是一切社会关系的总和。人生的意义正来源于个人与身处其中的世界的各种关系。伦理问题就是回答一个人立身社会之中究竟如何处理个人与他人、集体、社会，甚至还包括自然的关系问题。说白了，伦理问题就是涉及人生在世，如何安身立命的问题，或者说就是个人在世的基本生存姿态。

如今社会已经越来越多地尊重个人的存在，尊重个人存在的价值与尊严，尊重每个人存在的基本权利，从而给个人生活的自由、自主提供了越来越多的保障与发展空间。怎样启导个体以独立自主的公民姿态，积极主动地参与社会公共生活，维护自身的正当合法权利，这或许是当代社会个体道德觉悟的首要或者说重要内涵。当然，与此同时，有两点是至关重要的，一是我们的自由与我们的责任是相对等的，一个人拥有多大的自由空间，他同样应该对他的自由行动承担责任；二是个人在享受自由的同时还要想想别人的自由，并且尊重他人的自由。一个多元、开放的社会在充分保障每个人的权利和自由的同时，也需要社会成员遵守社会最低的伦理法则，履行作为社会成员的基本义务，承担相应的社会责任。独立、自主、责任、尊重、宽容，这或许是今天的我们作为平民个体走向公民社会、法治社会的基本伦理姿态。

长期以来，全权社会意识形态主宰着平民个体的日常生活，个人的道德自主性的空间非常有限。正因为如此，公民道德人格意识的觉悟可以说是当前个体道德觉悟的关键内容。但当我们一步步从全权政治意识形态伦理控制的社会样式中走出，进入一个重商主义和流行时尚宰治日常生活的时代时，我们又可能陷于另一种误区，那就是以利益驱动取代个体的伦理诉求，以流行时尚为个体行为的价值标准。我们今天的道德生活中还有很多不和谐的声音，社会中对他人特别是弱者的不尊重；教育中屡禁不止的体罚；商业中的假冒伪劣、有毒大米、假药；享乐阶层停留于自身的安逸生活，想方设法逃避对社会公益、福利事业的必要关注和应有责任等。唯利是图，我行我素，忽视基本的社会公德，不尊重他人特别是社会中的弱者，这些不良的道德生活境况在我们今天的社会中并不少见。

显然，我们今天的伦理觉悟的内涵应该是丰富、完整的，而不是单面的，更不能走极端。我们今天的伦理觉悟，绝不是不要伦理的觉悟，而是要何种伦理的觉悟。不要伦理的觉悟固然可以作为对过去曾经高扬的那种假、大、空伦理样式的背叛，对那种泛道德主义社会形态的背离，甚至，就今天而言，我们依然可以，而且应该反思、超越过去的泛道德主义，或者说道德理想主义，但我们无法背叛伦理本身，走向非道德主义，或者反道德主义。否则，我们要么会坠入道德虚无主义的深渊，要么会陷于怎么都行的道德相对主义，这意味着我们对几千年来人类文明的背离与自我放逐。实际上，我们对昨天的超越是要避免过去的错误，吸收过去的优点，而不是回到荒蛮的过去。

既然如此，怎样用优秀的、切合时代精神的文化价值资源来启导人心，切实提升并且维护、保障公民个体独立、自主、尊严、责任的公民伦理生活姿态的同时，改善社会成员的世界观、人生观、价值观，对抗道德生活中的唯利是图、见利忘义、麻木不仁、冷漠无情，从而提高整个社会成员的道德品质和道德生活质量，切实地提高国民道德素养，为我们社会的健康发展提供积极的伦理精神的内在支持。

历史与个体之间的人文忧思

在这个"人"的世界中，没有神，也没有兽。那么，让我们大家同在这个世界中，好好地做"一个人"，让我们每个人不仅把自己当"一个人"，也把他人当"一个人"，让我们每个人心中都时刻有"人"。特别地，让我们那些大谈"以人为本"的专家们心中有这样一个平凡的"人"。

我们从小所受的教育中，从来都是教我们要有远大的理想，"为中华之崛起而读书"，要当"某某家"，要活得有"价值"和"意义"（当然是相对于宏大的社会主题）……我（不只是我，应该是我们）的思维慢慢地就被这种宏大的价值理想所浸润，慢慢地就同化于这种人生追求之中。慢慢地，在我们的道德视界中，只有像雷锋、董存瑞、刘胡兰那样，只有心里时刻只装着别人、集体、祖国，只有每个行为都指向对社会的贡献，只有艰苦朴素、埋头苦干、"老黄牛"精神、"钉子"精神，只有一切行动听指挥，才是道德的，否则就是个人主义，就是贪图享受，就是小资产阶级，就是"自由主义"。

不知是否自己太笨，我的启蒙真正说来，应该是在大学毕业之后，随着读书的视界慢慢打开，随着《读书》《书屋》《随笔》《东方》等杂志逐渐浸染于我的生活空间，随着亚里士多德、陀思妥耶夫斯基、巴赫金、柏克、托克维尔、尼采、哈耶克、鲁迅、胡适、顾准、沈从文等人逐渐惠临于我的心灵，我才慢慢地明白，世界原来并不全然如此。

读到刘小枫的《纪念冬妮娅》，应该说，正是冬妮娅无辜而冰冷的眼泪滴醒了我朦胧之中的启蒙。我重新翻开了《钢铁是怎样炼成的》（梅益译，1949），找到那段心颤的对话：

> 冬妮娅怀着深深的忧愁，凝视着金黄的斜晖，说了：
>
> "难道我们的友谊，真的就像这落日的残晖吗？"
>
> 他凝神地注视着她。紧紧地蹙着眉头，他用低声回答道：
>
> "冬妮娅，这事情我们早已都谈过了。自然，你晓得我曾经怎样的爱过你，而且就是现在，我对你的爱情还是可以恢复，不过在这之前，你必须跟我们走同样的路。我已不再是你从前认识的那个保尔了。同样，我将是你的坏丈夫，假如你认为我首先应该是属于你的，然后才是属于党的。但在我这方面，第一才是党，其次才是你和别的亲近的人们。"
>
> "冬妮娅悲伤地凝望着闪耀的碧蓝的河流，两眼饱含着泪水。"

"革命的'我们'成了保尔与冬妮娅个体间的我—你情爱的条件。只有为了党，夫妻情爱才是正当的。""冬妮娅的心肯定碎了，寒彻骨髓的毁灭感在亲切而又不可捉摸的幸福时刻突然触摸了她一下。"不管怎样，革命改变了保尔与冬妮娅之间的爱情。在苍茫的大地上，发生过多少保尔与冬妮娅的故事，比如，林道静与余泽平，只是性别置换了？革命是否一定要牺牲一个女孩美好的爱恋？革命的目的难道不是为了更美好的爱恋？在《拯救与逍遥》（新版）前言中，刘小枫再次表达了对缱绻幸福的眷恋。那是一篇叫《野妹子》的小说：

> 故事背景是浙东新四军游击队的活动，但小说中没有出现多少新四军，大都在说一个叫"野妹子"的女孩同一个地主少爷的暧昧革命关系，"野妹子"太可爱了，打补丁的衣裳袖口总是挽到胳膊肘，手里虽然经常拿着砍柴刀，笑起来却很甜，一身村姑气，哪里像用柴刀砍敌人的人？故事的结局是，地主少爷参加游击队干革命去了，我却关心"野妹子"幸福。小说偏没有讲这件事情，我感觉自己就像那个地主少爷，离开"野妹子"，满心忧伤。一个人的幸福或不幸，而非革命事业，才是小说中真正令我迷恋的事情。

可能是心性敏感的缘故，后面这句话让我久久沉迷。毫不讳言，心事缠绵的我正是深深地眷恋着人世间那些平凡的个体之作为"一个人的幸福与不幸"，眷恋着冬妮娅的眼泪，眷恋着"野妹子"的幸福。鲁迅从故纸堆中发现了"吃人"，从"白头宫女在，闲坐说玄宗"，到冬妮娅、"野妹子"、余泽平，古往今来，在宏大的历史主题背后有多少无辜、无奈、渺小的眼泪白花花地流淌啊，当我们陶醉于一个个"伟大"的"胜利""成功""进步""发展"的煌煌亮采的时刻，还有谁会牵挂着历史深处那些黯然神伤的泪痕？

是的，历史的车轮总是滚滚向前，带走人们伤心的记忆，让后来者们享受幸福的生活，而历史的发展总是需要代价的，总是需要无数的眼泪或者鲜血。但使我久久萦怀、挥之不去的问题是，有没有尽可能少流泪和流血的历史的进步？如果历史的进步意味着流血和流泪的合理性与必然性，那么我们是不是可以以历史进步的名义来制造更多的血和泪，或者说，是不是所有以历史进步名义而流下的血和泪都是合理的？如果历史的进步注定要以血和泪作为代价，那么历史进步的目的应该是不再流泪和流血，为什么历史的进步并没有停住血和泪的脚步？历史上有没有毫无目的的甚至荒唐的流泪和流血？为什么受伤的更多的都是那些无援的弱者，或者说无援的弱者不管是在革命前、革命中，还是在革命后，都难免流泪的命运？进步了的历史是否想过应该回过头去抚摩一下旧日的伤痕，虽然对于那时那人的那血那泪已经毫无意义，但至少可以让过去的血和泪擦亮我们今天的眼睛，可为什么在历史深处不得已流下的血和泪到革命后还是那般的冰冷和惨淡，依偎它们的许多时候并不是鲜花和无言的注目，而是恢恢然的冷漠、仇视？

面对苍茫的宇宙，面对浩渺的时空，我感到微茫之"我在"的孤立无援，我不得不思考，"偶在性"的个体究竟为什么而活着？微茫的个体何以在茫茫人世间找到自己生存的依据？人活着难道真的只是为超越于个体与当下之上的不着边际的属于未来某个时空的远大的理念而活着吗？苟如此，那么如苇的个体置身于茫茫宇宙就微不足道了。"生活的意义就在于生活本身"，生活着就意味着活出我们人之为人的人生来，让我们显现出作为人的人之存在来。可是，如果活着就只是为了活着，那么人生与"猪生""狗生"又有什么不同呢？如果没有超越于个体与当下之上的意义导引，那么微茫的个体同样凭靠什么来展开其意识之中的人生，面对苍茫的时空？人不能只为了自身而活着，人不可能没有超越于个体与当下之上的那一脉与民族、国家、历史、主义、绝对精神的牵挂。赤条条来，我们终究不可能赤条条了无牵挂地去。于是，我深深地陷入意义的迷茫。

是的，我不得不一次次面对这个古老而常新的问题，人究竟为什么而活着？那些红红火火的人，那些担当着宏大社会使命的人，他们活着，他们为社会、民族、国家、人类干着高尚的、伟大的事业，他们功勋灼灼，他们的辉煌写满了历史，他们"留取丹心照汗青"，他们生亦伟大，死也光荣。可是，历史之中，还有多少人，他们平庸地活着，他们苟且地活着，他们卑微地活着，他们"自私自利""目光短浅"地活着，宏大的"主义"他们沾不上边，壮丽的事业他们只是点缀，他们生或者死，他们的泪或者血，对于这个世界都微不足道，他们生命的意义更多的只是统计学上的一个数字，一个符号。我们曾经豪情满怀地诉说，历史是人民群众创造的，恰恰是创造历史的人民群众的命运被排斥在历史的视界之外。是的，面对苍茫的历史与汪洋的现实，我的目光常常不由自主地落在那些卑微的群落。"为什么我的眼里常含着眼泪，因为我对这片土地爱得深沉。"

我于是把目光停驻于平凡的人世，徘徊于那些与我梦魂周遭的鲜活的个体，作为个体的人，作为活生生的生命的人，作为在中国的历史与现实、文化与心理的多维视界中真实地生活的个人。比之于宏大的社会与历史主题，我更关切真实个人的生存境遇，关切个人之幸与不幸以及幸与不幸的理由，关切个体生命在现实的世界中可以与不可以承受的轻与重，关切一个人在世界中存在的不可剥夺的正当权利和不可推卸的义务与社会责任，关切那终有一死的个人如何度过唯一的、不可回复的一生，关切那些卑微的个体如何在苍茫的世界中寻找他们的艰难人生的依据，所以我深深地关切个体道德的建构并且同样关切建构个体道德的依据，关切个体究竟应当承受何种道德承负、以何种方式来承负其所应承担的道德责任，同样深深地关切个体道德之边界。因为我们不是神，我们是人。

一日，在一家路边小书店，廉价购得一套当代名家杂文精品文集，甚幸。其中就有巴金杂文自选集，随手翻到最后，题为"没有神"：

> 我明明记得我曾经由人变兽，有人告诉我这不过是十年一梦。还会做梦吗？为什么不会呢？我的心还在发痛，它还在出血。但是我不要在做梦了。我不会忘记自己是一个人，也下定决心不再变成兽，无论谁拿着鞭子在我背上鞭打，我也不再进入梦乡。当然我也不再相信梦话！
>
> 没有神，也就没有兽。大家都是人。

是的，没有神，也没有兽。那么，让我们大家同在这个世界中，好好地做"一个人"，让我们每个人不仅把自己当"一个人"，也把他人当"一个人"，让我们每个人心中都时刻有"人"。特别地，让我们那些大谈"以人为本"的专家们心中有这样一个平凡的"人"。

当前道德教育的另一种忧思

不久前，我去株洲南方中学给班主任老师作一次关于道德教育的讲座。回来的路上，同车的一位地税局的朋友问我是讲什么问题，我说是讲道德教育。他随口而出，现在还需要道德教育吗？你怎么讲道德教育？言下之意，大抵有两层：一是社会中实际流行的是跟道德完全不搭界的行为方式，还有必要讲道德教育吗？二是那种大而空的道德教育方式还有人听吗？其实，这不止是他一个人的说法，这很可能在今天已成为很大一部分人的想法，甚至，在不少人的眼里，谈起道德，就嗤之以鼻，道德一词在顷刻间似乎成了嘲笑的对象。

近年来，对道德理想主义的反思，促使我对那种高蹈的道德家的教化姿态深怀警惕，同时也对日常生活中不时流露出来的理想主义的道德教育情景心存几分芥蒂。这个世界不应该再成为少数道德理想家的实验场，个人生活并不只是为了去达成道德家理想之中的非如此不可的生活样式，而应该更多地成为每个人自主、平等地创造、追求、实现自我幸福生活的家园。但是，当"道德"在社会生活中不时地变成了一个贬义词，当人们正在为自己彻底脱掉道德面纱而沉迷于肉身狂欢之时，我又不由自主地生起另一种忧思：我们可以，而且应当走出那种理想主义的道德教育方式，但社会发展到了今天，我们真的就可以视道德如敝屣了吗？

　　当我们把道德理解为吃苦、奉献，我们忽视了道德精神乃是个体自我完善的基本路径。生活在道德的呵护中，我们的灵魂得到安宁，正是道德我们的心灵才可能诗意地栖居。当我们对周围的一切，比如贫穷、不义、苦难都麻木不仁的时候，当我们的视线一个个都停驻于个人生活的狭小空间的时候，当我们沉溺于个人的享受、纵欲的狂欢的时候，我们的诗意栖居何来之有？"人是目的"也是时下被广泛征用的一句话，但我们不要忘了，道德的本质乃是人类理性精神的自律，康德所说的"人是目的"，正是强调人作为理性的存在以实现自身基于道德法则的善良意志，实现自我理性的自律为目的，它所反对的是把个人作为他者支配的手段，并不是以个人感性的幸福为目的，恰恰个人对自身感官欲望享受的沉溺会让人失去自我人生的目的。当康德深情地称颂"头上的星空和内心的道德法则"时，在他的视界里，道德是一个多么崇高、美好的字眼，它简直就代表了人类的全部尊严之所在。

　　赫尔岑回忆录中曾深情地谈到，西伯利亚的一些地方，出于对流放者的关怀，形成了这样的习俗：他们夜间在窗台上放些面包、牛奶或清凉饮料"克瓦斯"，如果有流放者夜间逃走路过这里，饥寒交迫，又不敢敲门进屋，就可以随手取食，以渡难关。在我国的拉萨，每年过年都有一项必不可少的内容，那就是到街头布施穷人。穷人成排地站着，众多布施者拿着零钱一路分过去。在分钱的过程中，不能有所遗漏，以免使那些落空的求乞者受到伤害。这种细腻之中朴素的道德情怀，让我们深深地感到人世的美好，让我们感到自己是活在人间。道德作为人类理性精神的重要形式，在人类生活的展开，在人类文明的延续和发展中起着重要的作用，不论是民俗民风、日常生活中表现出来的淳朴的道德品行，还是少数优秀人物在历史与现实的紧要关头，在特殊的道德境遇之中表现出来的高尚的道德精神，都是我们今天，乃至后世，赖以生存的丰盈的精神资源，是穿越浩渺的苍穹、引领我们前行的"暗夜里的星光"。

一般说来，从其发生的方式来区分，道德有两种：一种是生活的道德，人类在长期的生活中发现、累积起来的呵护日常生活的基本精神食粮，是生活本身的结晶；一种是建构的道德，即少数道德家们为了现实的某种特别需要而人为地建构起来的伦理规则。在我们的历史中，特别是宋明以来，人为的神圣化的道德建构更多地取代了日常生活伦理秩序，道德因置之天理而高高在上，道德教育成了对个体生命形式的规训，成了对个体生命感悟的僭越，道德教育远离个体日常生活，生命成了对神圣天理的献祭。今天，当我们提出道德教育应回归个体生活世界，是指道德教育从神圣天理的高远世界下移，回到人间，回到个体，回到日常生活，呵护普通的人与事，并凭借个人的生活世界来显现并敞开那通达每个人的幸福生活之可能路径，由此而在呵护日常生活的同时引导个体超越日常生活，超越庸常，超越个人狭小的圈隔，走向他人，走向世界，在个人与世界的相遇中走向个人内心精神生活的完满，走向个体人格精神的实现。

惟其回到个体生活世界，道德及其教育才充满着人间温情，才成为属人的精神家园，而不是奴役人的桎梏；惟其引领个体生活，超越个体生活，道德及其教育才把人与人，个人与世界紧密地联系起来，每个人因为他人与世界的共在而越来越多地获致丰盈的幸福生活之无限可能。道德教育正是启迪人心，让我们把捉生命周遭之中的幽暗情怀，让我们找到个我生命通向他人与世界的一脉情缘，让我们领略幸福人生的真谛，让我们珍爱自己的同时，深深地爱世界，爱他人，爱我们生命际遇之中的真情牵挂。我们可以，而且理当走出那种假大空的道德说教，转而以平等对话的姿态进入教育生活空间，但这决不意味着我们可能走出道德本身。

我相信，在人性之上，生命的幽暗之际，一定有某种悲悯之心，把我们生命的情怀从顾影自怜的狭小圈隅里超拔出来，俯瞰苍茫的人世，让我们把个我命运与他人和这个唯一的世界深情地连接起来。在那一刻，我们渺小之心变得伟大，脆弱之心变得刚强。那是洪水中的方舟，那是人类走出洪荒，走出野蛮，走向美好生活福祉的希望，那是我们的教育生活世界的基本信仰。

从孕妇大出血死亡到对现代化的理解

几年前看到这样一个事件，心里有一种无奈的愤怒：

2008 年 10 月 9 日上午，济阳县孕妇董明霞在济阳县中医院做流产手术时突发大出血，由于董明霞是 RH 阴性 O 型血，医院没有备血难以救治，11 时左右转院到山东大学齐鲁医院。由于这种血型十分稀有，齐鲁医院向山东省血液中心求援。山东省血液中心马上对冷冻的此种血液进行解冻，另外组织志愿者献血，但无论是冷冻血液解冻还是新采集血液检测，都需要3小时以上时间。医院方面坚持按《献血法》规定，不同意将未经检测的血液用于临床。董明霞在等待血液过程中，终因失血过多而死亡。

我们所谓的现代化，看到的只是制度、体制的现代化，而忽视了现代化的根本，即"人"的因素，没有人支持的现代化是一种空洞的现代化。作为体制的代表者，就是所谓的现代化的实践者。我们对于体制或者制度负责，最根本的问题在于对剔除了真实情景中存在诸多差异的一个、一个的个人生命负责。

所以，如果我们失去了对真实人的责任担当，而只是遵守所谓的规则，我们就失去了对人真正的责任。而一旦我们放弃这种责任，我们就把自己流于事物之中，我们自己实际上等同于机器。没有在真正责任担当中显示人的高贵。其结果就是平庸，平庸的恶。

当下我们社会中，有一种对现代化的追求的极度不成熟的心态，其中最大的问题在于哲学的平庸、理念的平庸。我们看到仅仅是零碎的事物，确是对事物整体性的思考与把握。我们在技术性手段不断提高之时，表现出来的却常常是人性的堕落。我们迫切地需要思考，怎样通过哲学的教化来追寻人性发展的踪迹。

面对多年前的那场大火

——兼谈个人道德主体性何以确立

　　1994 年 12 月 8 日，中国新疆克拉玛依石油城友谊馆发生一场罕见的大火惨案。这一天，在克拉玛依市友谊馆内参加演出活动的师生、干部和其他人员共有 796 人。大火造成 325 人死亡，其中 288 人是年龄在 8 到 14 周岁的中小学生，独生子女占 98％；烧伤 136 人，其中重伤致残 60 多人。

　　事件中至少有三个重要的细节值得深思：其一，据很多生还者事后回忆说，当大火刚刚燃起时，有人大声在喊："让领导同志们先走！"当天参加活动并就坐前排的市领导、教委领导几十人都成功逃生，没有一人死亡。其二，事后据医生鉴定，死难者中有近百名孩子是被人挤死或踩死的，在许多孩子弱小的尸体上，有成年男人的大皮鞋印，也有成年女人细若尖刃的鞋跟所踩下的血洞。其三，一个年轻的女音乐教师本已跑了出来，在通知完附近人们赶快救火后又端着水盆跑进火场，她的学生还在里面，这次她再也没有出来。一名年迈的女教师，四肢伸展死在火中，她身下是自己班中几个学生，在生命最后一刻，这位班主任用自己的身躯挡住了炙热的火舌。人们后来发现许多老师的遗体，不是张开双手拉学生，就是扑在学生的身上，老师们在危难时刻，以自己的血肉之躯来掩护孩子。这次火灾中有 40 多位老师在场，36 位以身殉职。

回顾这个事件，最让人痛心的当然是"让领导先走"的刺耳呼声，其次是那些刺穿尸体的皮鞋、高跟鞋印。这呼声和鞋印盖过了一切道德的、社会的、职业的责任，剩下的只有逃生的本能，人的世界此时此刻已变成狼的世界。我几次在关于教师职业道德的讲座中讲到这个事件时，曾这样问道：如果当时是你我在场，我们究竟会如何表现？一定是镇定自若，还是如出一辙？我们在追问当事人的责任时，难道我们不需要叩问一下我们自己？难道我们就可以以道德高位者的姿态理直气壮地训问那些苟且的逃生者？下一个逃生的难道不会是你我中的一个？我确实吃不准，我的答案只能是也许会，或者可能不，我无法找到直截了当、斩钉截铁地说"不"的理由。我知道，这个问题不仅是对当事人的追问，是对我们每个人的追问，实际上也是对我们民族品格的追问。

当然，这中间确实还有一个可以用"伟大"这个词的群体，在场 40 多位老师，36 位殉职。这个数字让我们感到沉痛的同时也不免有些欣慰，感到我们民族在危急时刻还是有挺身而出的脊梁，感到我们这个民族关键时刻还是有人像人那样地活着，并非个个都是苟且贪生之徒。虽然我们不至于像传统社会一样，把他们抬到道德的圣坛之上，但他们的行为确实体现了一个人之为人的本色与尊严，体现了一个教师之为教师的尊严，他们理当值得我们尊敬并且永远怀念。

这里就引出一个需要我们郑重思考的问题：到底是官员的道德品质整体比不上教师的道德品质，还是那些在场官员的道德品质比不上在场教师的道德品质，还是他们的实际道德品质并没有这么大的差异，只是其间别有他因？就我个人而言，虽然教师职业有其特殊性，但我并不认同整体上教师群体的道德水平就一定比社会其他职业的道德水平更高，就个体道德而言之，我更倾向于这样判断：官员中确有些道德觉悟不高的人，就好像教师群体中确有人道德觉悟很高。如果这个判断成立，那么对这个事件中人们的不同表现，我们就只能这样分析，那就是不同人群跟学生之间存在着不同的亲疏关系与情感认同的差异，实际上平常生活中这些人在一块，所表现出来的道德水准大同小异，但危机时刻，由于官员们对学生并无直接情感上的亲密，他们的责任也没有认同于这一点，即这些孩子的生命就是他们此时此刻的责任，他们没有在关键时刻迸发出一种做人的尊严，所以他们选择的是尽快逃离；而那些教师，由于孩子是他们亲自带来，是与他们朝夕相伴的活生生的生命个体，他们彼此之间有着无法割舍的血肉联系，所以，此时此刻，他们唯一的选择就是坚定地和孩子们站在一起，坚守战场是他们此时此刻存在的唯一理由。当然，那时那地，教师们也不可能想这么多，实际上和孩子们在一起，保护他们免受伤害已经转化成一种生命的本能。

这样分析，对于我们喜好完美道德榜样的社会习惯而言，也许不太中听，但也许这就是我们身边的事实。这样说来，对我们社会个人的道德品质的整体考量，就不能不涉及这样一个问题：如何超越个人情感的界限，关爱与自己并无直接联系的他人？这实际上是一个关涉我们民族文化品质的重要问题。由于宗教超验之维的缺失，由以不问天道、关注人道自居的孔子奠定的由近及远、推己及人、亲亲而仁民、爱有等差的中国社会道德人格与道德关怀秩序建立之路线，个体道德人格的核心基础乃是人的情感，而不是——至少主要不是个人的道德理性。正因为如此，那些在情感上没有建立亲密联系的他人，在危急时刻就难以萌生出与自我生命之间的内在关涉，保全自己成为此刻唯一的价值选择。

我们来重温人类历史上另一场灾难事故：1914 年 4 月 14 日晚，当时世上最大的邮轮"泰坦尼克号"满载 2207 名搭客，由英国首航前往美国纽约。启航后 4 天，在大西洋的黑夜里误撞冰山。由于船上人多而救生艇不足，顿时秩序大乱。这时一位应邀到美国芝加哥布道的乘客约翰·侯伯牧师，眼见这紧急情况，就呼吁全船的基督徒到甲板集合。当时有几十位基督徒陆续前来，大家手拉手围成一圈，侯伯牧师庄严的宣告说："弟兄姊妹们，我们随时都有生命危险，但我们已相信了耶稣，有了永生的盼望，不用惧怕；不过，船上还有不少未信的人，他们还未得救，若此刻失去生命，必永远沉沦灭亡，倘若我们现在不跟他们争用逃生设备，让未信者有更多人获救，以后他们仍有机会听闻福音，相信耶稣得永生。"

那一群基督徒听后，大受感动，产生了一致的响应，他们继续手牵手，一同唱着圣诗"更加与主接近，更加接近"，庄严的诗歌感动了船上的其他乘客，大家秩序井然地接受船上工作人员安排，让妇女儿童先登上救生艇。

67 岁的头等舱乘客、全球最大的美斯百货公司创办人施特劳斯，别人劝他"保证不会有人反对像您这样大年纪的人上救生艇"时，这位老人毫不犹豫地回答："在还有女人没上救生艇之前，我绝不会上。"世界著名的银行世家大亨古根海姆，穿上了最华丽的晚礼服说："我要死得体面，像一个绅士。"他给太太留下的纸条写着："这条船不会有任何一个女性因我抢占了救生艇的位置，而剩在甲板上。我不会死得像一个畜生，会像一个真正的男子汉。"

这次沉船事件造成 1502 人死亡，仅有 705 人获救。这些死难的男性乘客中，还有亿万富翁阿斯德、资深报人斯特德，炮兵少校巴特、著名工程师罗布尔等，他们都呼应侯伯牧师，把自己在救生艇里的位置让出来，给那些来自欧洲，脚穿木鞋、头戴方巾、目不识丁、身无分文的农家妇女。

另外像消防员法尔曼·卡维尔，感到自己可能离开早了点，又回到四号锅炉室，看看还有没有其他的锅炉工困在那里。被分配到救生艇做划桨员的锅炉工亨明，把这个机会给了别人，自己留在甲板上，到最后的时刻还在放卸帆布小艇。信号员罗恩一直在甲板上发射信号弹，摇动摩斯信号灯，不管看起来是多么没有希望。而报务员菲利普斯和布赖德，在报务室坚守到最后一分钟，即使船长史密斯告诉他们可以弃船了，他们仍然不走，继续敲击键盘，敲击着生命终结的秒数，发送电讯和最后的希望。小提琴手们为了缓和沉船上紧张的气氛而坚持到最后一刻；当船的设计者安德鲁先生把救生衣脱给罗丝时，眼中噙满泪水带着歉意地说："对不起，船造得不够结实。"白发苍苍的船长不愿穿救生衣而独自一人紧紧握住船长室内方向盘，直到被无情的海水吞噬。

我之所以大段抄引这个故事的细节，是因为正是在细节中透露出一个民族、一种文化对待生命与死亡、本能与伦理的基本态度。在某种意义上，我们可以这样说，一个民族在关键时刻是怎样对待它的妇女儿童，就显明了这个民族危难时刻的基本道德姿态。泰坦尼克号沉没时妇女儿童优先，船上相关人员恪守各自的职责，牧师和信徒从容镇定，那种关键时刻绅士的风范和职业的态度实际上显明的正是一种人性的高度，或者说一种人性起码的高度。这是一种跟中国传统社会"存天理、灭人欲"的理想主义价值理论完全不同的价值选择，它恰恰是一种尊重个人价值、并且充分显现个人价值的生命决断，这跟把节妇烈女摆上祭坛的纲常伦理是完全不同的伦理品格。

如果把起火中的宾馆比喻成一艘将沉的航船，那么官员理所当然就是那艘即将沉没的船上的船员，坦然地坚守自己的职责与使命，应该是他们本然的要求。我们对职业普遍缺乏一种神圣感和敬畏意识，我们实际上很少有人视个人的职业责任为神圣天职，我们的敬业精神更多地基于外在的因素，一是社会功利，一是社会的精神灌输与规章制度的约束。为什么在我们的民族性格中始终没有充分地发育这样一种人格品质：在任何时候，坚守自己的职责，坦然面对生命中的意外？这难道不是我们今天需要面对的当代中国社会的文化心理、道德与深层教育问题？

在传统社会文化还深深影响着我们生活的今天，我们确实要超越传统道德理想主义的价值理路，让道德更多地关注我们的现实生活处境，关注个人的美好生活，关注现实的利益。但这只是问题的一面，我们的社会确实还从没有在个体人心之中真正确立个人道德主体性的原则，我们传统社会的道德水准更多的是处于习俗化水平。所以，过多地把道德建立在现实利益关怀之上，可能导致的一种倾向就是道德本身的消解，即社会的去道德化。我们必须关注个人内在道德主体性的确立。在这个意义上，重温康德的义务伦理，应该大有裨益。

"狼来了"是当前中国社会几代人耳熟能详的经典伦理故事，北京师范大学石中英教授在反思"狼来了"的道德故事所呈现的道德逻辑的过程中，反对一种建基于经验世界的道德法则，他的问题关注转化成"假如狼没来，谎言是否会继续?"从而追问谎言本身的价值缺失，重新提出道德是人性的义务，把道德看成实践的内在要求，不是功利的考量。他的表达虽然有义务论的嫌疑，他的意向可能更接近于当代西方德性主义伦理学的价值路径。在当下人心浮躁的社会，重提德性论，把道德的眼光由外而内，确实有着重要的现实意义。

当然，一个社会的德性是该社会长期进化、选择、演进的结果，也是一个社会道德理性不断张扬的结果。外在的基于利益均衡的社会选择与内在的个人道德理性的发生发展是相互渗透、相互促进的。我们的社会发展到今天，无视个人利益的正当性的虚空的道德说教是很难站得住脚的。但与此同时，道德作为一种人类生存智慧的演进与理性的累积，又使得我们在面对社会利益的同时，转向个人内心，寻求个人道德理性的完善与生命境界的提升，逐步建立个体内心的道德法则，真正使个人的道德主体性得以确立，上升到一种人性的尊严。

正因为如此，我们今天的道德教育关注回归学生生活世界，强调自主建构、自主发展的教育原则是必需的，但也是远远不够的。这并不意味着我们要采用传统的道德强力控制的方式，而是指我们确实需要从深层的民族文化心理入手，发掘我们民族个性品质中的缺失，从深层去孕育、夯实个人道德主体性建立的真正的基础。如果我们的道德教育始终停留在表层，不管它是多么热闹、花哨，最终结出的果实可能是个体道德人格的整体性萎缩，或者说依然无法真正建立。

钱钟书先生 1957 年 6 月为他选编的《宋诗选注》作的序中有言，有种"活的记忆，好比在树上刻的字，那棵树愈长愈大，它身上的字也就愈长愈牢"。我们的民族不太善于去牢记那些与当下个人无直接关涉的历史中的伤痛的记忆，即使有那么一些记忆，也往往是粗线条的。也许，我们真的需要多一点那种活的记忆，即使它带来的是伤心的灼痛，也胜过轻而易举地被遗忘，因为它可以刺激我们那正在被浮华生活所麻木的道德神经。那么，就让那场大火在一个民族心灵的深处继续燃烧，照亮民族性格中的怯弱与卑微、阴暗与苟且，让我们从历史的伤痛中学会站立，挺直脊梁做人。

为黑之道的丧失

——灭门案的随想

（中国网 2007 年 12 月 28 日报道）前晚，黄冈市红安县上新集镇赵家湾村南陈家湾黎明石灰窑厂内，发生一起特大凶杀案。该石灰窑厂老板夫妇及其妹妹一家三口和三名打工者惨遭杀害，其中最小的遇害者还不到 10 岁。

又是一个灭门惨案，又是连 10 岁不到的小孩都不放过。此时此刻，我的内心真的是沉痛，以至于麻木。我不知道说些什么，不知道该说些什么，不知道能说些什么。此时此刻，我真的深深地感到作为一个知识分子的无力，无奈。

那惨案中的死者，与我没有任何关系，但真的就与我没有关系？不是，他们都是我的父老乡亲。他们曾经与我共同生活在一片蓝天之下，你、我、他，还有逝去的他们，我们共同构成一个完整的世界，同时我们又彼此成为对方的世界的一部分。他们的离去，难道不是我们每个人的世界的一角缺失？

一个又一个的灭门惨案，印证了我较长一段时间以来对当下中国社会基本精神生态的判断。我们社会很快会走向物质的发达，至少在整体上走向物质的丰饶，这基本上是没有问题的，但我们要真正走出精神生态的贫困，则可能还需要一个世纪，甚至更长的时间。

究竟是什么在制造着一个又一个的灭门惨案？灭门惨案的罪魁祸首当然是那些当事的凶手，但问题远不止于此。

其实，不管什么朝代、什么国家，都会有人与人之间的积怨。恶性案件在任何社会都难以避免，但问题在于，再恶也还是有个底线。这就是所谓"冤有头，债有主"，一个人的报冤偿债，更多地针对那冤之"头"，债之"主"，而不涉及无辜之人，特别是儿童和妇女，这或许就是所谓黑之"黑道"。行恶也应该有行恶的"道"，这个"黑道"正是对为恶底线的保护，黑道之人同样需要以"黑"之"道"来守护他们作为人——恶人，但还是人——的底线。

毫无疑问，灭门惨案的发生，正是为案者对"黑"之"道"的突破，也就是对恶人之为人的最后底线的突破，他们已经完全沦为了穷凶极恶的欲望的奴隶，沦为欲望中的困兽，他们已经没有了为恶也需要守住的"道"，他们成了纯粹的"狼"。

我们通常只注重从正面来衡量一个社会文明的标志，也就是看一个社会的精英创造了多少文明成果来展示社会文明发展的程度。其实，一个社会真正的文明不能只看最优者所体现出来的文明程度，而更需要从最劣者的高度来看社会文明的程度，这就是所谓木桶理论的含义，木桶的储水量取决于最短板的长度。

其实，从负面更能看出一个社会真实的文明水准，因为那些正面的文明成果能享受的往往一开始只是社会少数的精英，而那些负面的因素则往往是每天直接与普通百姓照面的生活事件。从负面而言，可以这样说，一个社会的文明可以从那些为恶者的道德底线中可见一斑。直白地说，一个社会文明的程度更能从这个社会为恶的道德底线中看出，即为恶者道德底线的高低直接标示着一个社会道德水平与文明程度。由此看来，频频发生的灭门惨案，无疑是对当下中国社会之不文明底线的公然挑战，是当下中国社会精神生态危机的表征。

为恶者失去了对为恶之"道"的守护，也就是我们社会最最底层的阶层失去了对这个阶层应有之"道"的守护，这到底只是这个阶层的事情，还是跟整体有关？我们还需要更进一步思考的是，那些满沾鲜血的凶手，他们曾经也是我们的兄弟，他们并不是生来就是黑道之人，他们为什么连为黑之"道"也守护不住？

这不由得让我们思考，今天，我们的社会的"失道"是否只是个别现象，只是个别群体的现象？如果说负面可以成为一个社会的表征，那么，我们就真的需要仔细考量我们社会整体对各自之

"道"的守护，我们的官道、商道、师道、学道……各行各业之"道"，又守护得怎样呢？那些为恶之人，除了他们自身的道德、法律的责任，难道跟我们社会整体"道"的缺失，或者"道"的守护的不足没有关系？

马克斯·韦伯对美国资本主义发展的研究表明，美国资本主义的发展跟新教伦理提供的精神资源有着重要的关系，新教伦理带给美国公民最重要的就是敬业精神，一种职业之"道"，一种天职。"在德语的 Beruf（职业、天职）一词中，以及或许更明确地在英语的 calling（职业、神职）一词中，至少含有一个与宗教有关的概念：上帝安排的任务。"在这里，职业本身就内含着职业之"道"，敬业精神就是对这种"道"的信仰般的敬重和守护。任何职业，剔除了其中的"道"，就成了赤裸裸牟利的工具。当利益宰制一切，我们还怎能指望每个人都能守住自己的职业之"道"？当一个社会整体越界，也就是越过了职业之"道"的界限，黑道的越界也就不难理解。这样说显然并不是为黑道的"失道"辩护，而是为整个社会的"道"的回归呼告：我们必须重建各行各业之"道"，并且守住各自职业之"道"，由此而重建社会的正义与和谐秩序。

我不得不再一次重申前一段时间写过的一个观点：我们在教育孩子时，有必要告诉他们，今后你们当然要选择为善的人生。假使你们真的选择了为恶的人生，那么，请你们务必记住，为恶也有为恶之"道"，黑也有黑道，你们务必在任何时候都能守住人生这最后一道底线。

很久就想写一篇关于天职与敬业精神的培植的文章，想不到竟然是从灭门案下笔，来谈及当下职业精神回归与伦理精神的重建的问题，岂不悲哉？

认真对待为恶的底线

一天经过学堂坡的菜市场，看见一位屠夫在架子上吊着一只刚杀死的狗，在一点一点把皮上的毛清除。就在架子的旁边，是一个铁笼，笼子里关着的正是一条活狗，正呆呆地望着前方。笼子里的它，只能无助地看着它的兄弟成为刀俎鱼肉。

有人吃狗肉，杀狗就不可避免。但杀狗不当着其他活狗的面总还是可以做到的。如果杀狗是一种恶，那么，这种恶的底线就是不当着别的狗的面杀，不至于让这种杀生的恶造成狗的世界的恐怖，给狗的世界一点"狗文关怀"，这难道不是我们人为人的恶的底线？

这个世界其实是不能根除恶的，一种试图彻底根除恶的设计，恰恰可能是最大的恶。但我们毕竟需要基本的为恶的底线，避免人性的堕落失去最后的屏障。今天，当利益成为生活最彻底的意识形态，当一切皆有可能的时候，守护为恶的底线，实际上就是守护人之为人的最后一根稻草。

这样说来，我们对学生的道德教育其实就有这么三个基本的层次：第一个当然是尽力做一个好人，追求善在生活中的实现，追求生命的卓越；第二是尽力不做坏事，保持生命的平庸姿态；第三是你今后其实也可能要做恶的事情，但即使你坏，也一定要坏得有底线，要守住做人的最后的尊严。

其实，任何教育，尤其是道德教育，并不能保障每个人拥有充分的德性，杜绝为恶的可能性，但有两点对于我们的教育而言乃是至关重要的：一是增进个体对不同生活方式的明辨；一是引导个体对自己的生活选择承担责任。

细说人与自然之间的道德话语

20 世纪 80 年代，生态（环境）伦理学从西方传来，悄然进入我们的视野之中。从那时开始，人们就对环境伦理学如何可能展开争论，探讨其是否逾越了伦理学的理论界域，是否会跌入"自然主义谬误"的困境中。此后，又围绕着环境伦理的建构是以人类中心主义为基础还是以非人类中心主义为基础展开了广泛的争论，其中几个相关核心概念和命题，诸如"自然价值""自然权利""生态正义"等，都引起了国内理论界的高度重视和认真探讨。

1992 年，刘湘溶教授撰写出国内首部《生态伦理学》（湖南师范大学出版社，1992 年版）专著，大致提出了生态伦理学话语的基本框架：一个出发点，即我们究竟应当以什么东西作为根本标准去判断人类与自然交往活动的合理性，只能是人类的整体利益；两块基石，一块是自然价值观，一块是自然权利观；三大规范，即合理生产、人口节育、适度消费。

时至今日，就全球范围而言，环境问题恶化的趋势并没有缓解，反而有加重的迹象。与此同时，西方生态伦理学在关注现实环境危机的基础上，不断寻求在理论深度和问题广度上的深入与拓展，生态伦理学逐步摆脱伦理思维的抽象性，而以某种程度上的强有力的姿态向现实渗透，如今已成为环境保护与可持续发展的重要精神支柱与价值导向，并通过社会教育和文化宣传等手段转化成人们实际的生存意识与行动理念。

我国也同样面临着环境继续恶化的问题，在此背景下，人与自然之间的道德话语究竟该如何细说。刘湘溶教授在其原有框架的基础上又作了进一步丰富与提升的探讨，其著作《人与自然的道德话语——环境伦理学的进展与反思》就是他进一步探讨的尝试。全书在一般性地描述生态伦理学的发展历程和当前生态伦理学所面临的背景的基础上，逐一拓展了原著中的一个出发点，两块基石，三大规范，并增补"教育论"一章。跟原书相比，我们可以明显地发现作者试图在提升生态伦理学的理论层次的同时，也在努力走出抽象的理论思辨，而寻求对现实环境伦理问题的深层关照，并试图把这种关照引向对人们日常生活意识的渗透，直接对企业责任、清洁生产、绿色产品、人口增长与人口质量等与国计民生相关的问题做出伦理学的深度解析与说明。

不论我们是否反对或者如何反对人类中心主义，我们对人与自然之间的道德思考还是只能从人类自身的利益出发，说到底，生态伦理学的最终指归还是在于人类利益的调整，即我们是重视人类整体利益还是部分或者富国的利益，是重视人类全体的利益还是重视富人群体的利益，是重视人类长远的利益还是重视人类当下的利益。不管是自然价值论还是自然权利论，最终都只有落实到不同国家之间、不同地域之间、不同群体之间、不同个人之间以及人类发展的不同时期之间的利益的调整。环境伦理的伦理承担的真实主体只能是人，是人类自身，作为环境伦理的真实主体，人类理应担当起自身对于环境的责任。正因为如此，作为生态伦理学者，刘湘溶教授在对环境伦理问题的关注视野中饱含着的乃是对当代人类生活的忧思，特别是分配的不公、发展机会的不均等、贫困作为"一切污染中最坏的污染"等这些导致环境问题滋生的当前人类生活之痼疾的忧思。这样，就把生态伦理的根本问题拉回到真实的人类生活事实中来，而不是基于对自然的简单的美化。

在忧思之余，该著中也传达出对人类美好生活的向往，"人不但应无忧地活着，更应美好地活着"，并且指出生态伦理视界中的美好生活路径，那就是，积极拓展人的美好生活的内在精神之维，培养和发掘人的生活的丰富内涵，从精神和情趣的层面，而不是从对自然的无限掠夺的层面来实现人类生活的美好，从而把对人与自然和谐的追求变成个体美好生活的基本关照。在此意义上，生态伦理学所要传达的意向并不是要人类放弃美好生活的追求，恰恰是要人类更好地去关切自我美好生活的问题，关切作为自然之一部分的人的美好生活究竟如何可能。对于当代以至未来的人来说，选择和追求一种现实生活所必须考虑的最主要的因素或条件就是人与自然的关系。

德里达曾言，一个教师教授理论知识，发挥陈述知识，这是他基本的任务，是对义务、责任的承诺，这种承诺就在于制造"事件"，而他是用语言制造的（《读书》2001 年第 12 期）。刘湘溶教授也在用他的语言制造着他所期待的"事件"，一种期待人们走向"共生"的生存理念与生活理想。他坚信，生态伦理学将坚定地持守着共生的理念，我们不仅应当学会与他人共容共生，而且应学会与自然共容共生。为此他提出，第一，我们必须对自然始终保持感激之心，真正懂得自身乃是我们永恒的栖身之所，是自然为我们提供了成长的乳汁；第二，必须对自然始终保持忏悔之心，真正懂得是我们对自然的索取太多，是我们的无知与狂妄，而使得今日之自然伤痕累累、满目疮痍；第三，必须对自然保持敬畏之心，真正懂得自然意志不可违背，自然规律只能遵循；第四，必须对自然始终保持谦卑之心，真正懂得我们不过是自然进化链条在很晚的时候方才出现的一个物种，与自然古老幽深的智慧相比，人类的智慧是何等的稚嫩，我们不但要做自然的子孙，而且要做自然的好学生。

长久以来，我们渴望成为世界的主宰，但到了科技高度发展的今天，我们却突然发现，人类并没有主宰世界，反而陷入自身生存的恐慌之中，随着自然界生命的不断倒下、灭绝，"我们正变得孤独，我们的身体、精神、灵性都没有随着其他生命的失去而变得强健和灵动，相反，我们也在很快走向死亡"。这绝不是危言耸听，社会发展到了今天，环境破坏成为既定的事实，问题摆在我们面前。也许，自然给予我们放肆的空间已经了无几何，"任何关于美好生活的设计都代替不了现实的生活创造，要真正过一种简约的生活，避免由于不合理的生活方式而给自然界所造成的沉重压力，我们必须做出许多现实的选择"。这种选择固然存在一个国家，乃至整个世界发展的基本路向之中，但同样也切实地存在于你我之间，在我们大家，在我们习以为常的生活小事之中，人与自然之间的道德话语最终要由现实中的个人点点细说。

我们心中的历史

我们学习历史，熟悉历史，是为了让我们对历史的"知"充盈于我们今天的生存，使我们在历史的回望中审度今天与明天、现实与未来，让历史赋予我们今天的生活以意义，我们就生活"在"历史"之中"，在历史寄予我们的"意义"之中，我们在历史中更清楚地看见我们的过去、现在和未来，我们也因此而真正"拥有"了历史。如果我们的历史教育既不能让我们理解历史，又不能让我们面对历史，那么，我们的历史教育何为？

我们心中的中国历史是一部泾渭分明的文明史，历史久远，文明灿烂，文治武功，大兴土木，写满了渐次更替的朝代，外加诸多帝王的暴政和反抗暴政的光辉的农民起义。这几乎就是我们从小到大在教科书上学到的历史图景。近来在《读书》《随笔》《书屋》等刊上读到一些关于历史的文章，恍然有悟，发现历史原来并不全像我们平常所学、心中所有。"略输文采"却也不乏"文采"，在教科书上赫赫功绩的秦王汉武，原来就是那个焚书坑儒、"宫刑"司马迁的秦王汉武。历代农民起义尽管在一定程度上推动了历史的进步，但历史上的那把龙椅依然高高地摆在那里，只不过龙椅上的主人换来换去而已，诚如鲁迅先生所言，以往的革命，"不过是争夺一把旧椅子。去推的时候，好像这椅子挺可恨，一夺到手，就觉得是宝贝了，而同时也自觉了自己正和这'旧的'一气"。这或许就是势不可当的伟大的太平天国（这是历史教科书

71

上教给我们的)在将帅们坐上了那把旧椅子后腐败透顶(这是教科书上没教的)终至夭折的根源。直到孙中山先生领导的辛亥革命，以"驱除鞑虏，恢复中华，创立民国，平均地权"(这是对中学课本的记忆)为鹄的，撇开其民族主义情结，单就其推翻那把"旧椅子"，建立共和之民国的理念和实践，就足以超越以往历次革命(这也是教科书教给我们的)。之后就是共产党领导下的光荣的新民主主义革命历程了。

正好读到《随笔》2001 年第 4 期王开林文《特立而独行》一段：

> 1915 年 12 月初，蔡锷乔装出京，在天津秘密会见梁启超，两人仔细分析了当前不容乐观的时局，认为护国一役已避无可避。蔡锷愤愤地说："眼看不久便是盈千累万的人颂王莽功德，上劝进表，袁世凯便安然登其大宝，叫世界看着中国人是什么东西呢？国内怀着义愤的人虽然很多，但没有凭籍，或者地位不宜，也难发手。我们明知力量有限，未必抗得过他，但为四万万人争人格起见，非拼着命去干这一回不可。"
>
> 他们师徒二人庄严郑重地约定："今兹之役失败，则吾侪死之，决不亡命；幸而胜，则吾侪退隐，决不立朝。盖以近年来，国中权利之风大盛，吾侪任事者当以身作则，以矫正之。"

原来其间还有一个蔡锷，一个"为国民争人格"的蔡锷，竟被我们冷落、缩减、遗忘。自古以来的造反、革命，大都是以牙还牙、以暴易暴，甚至后来者有过之而无不及。将军蔡锷，能超越个人利害乃至生命之攸关，他坚毅、深沉而充满忧郁的目光触及了四万万人匍匐的生存人格和苟且的命运，他或许意识到了，四万万国民之人格，这才是立国家、兴民族的最终依据。斯言斯人，何其伟哉！他的理想可谓是站在孙中山的肩膀上又超越了孙中山，也超越了狭隘的阶级、民族观念，超越了他们以往的一切时代，甚至也远远地超越了他身处其中的时代！

我们的教科书习惯于分门别类地把简化了的历史事实开中药铺似的一一例出，我们的应试教育同样一条条地教我们记住，却没有教我们把统一六国的秦始皇与焚书坑儒的秦始皇、汉代中兴的汉武帝和"宫刑"司马迁的汉武帝联系起来，教我们隋炀帝的荒淫无度，却没有告诉我们一个也曾"立法严明，任人唯贤，生活俭朴"的开国皇帝何以会走向堕落。我们的历史教科书是大历史，缺少细节的历史。没有细节的历史是"无人"的历史，没有那与社会、与历史、与自我发生着丰富纠缠的人，人成了历史长河中的一个个的规一化了的标签、符号，成了一个个的"（人）物"。历史人物的单面性教给我们的就是历史的单面性，或者说单面性的历史，我们也在这种单面的历史中失去了思考、把捉历史丰富性的能力，我们实际上也没有真正地面对过历史。

我们学习历史，熟悉历史，是为了让我们对历史的"知"来充盈于我们今天的生存，使我们在历史的回望中审度今天与明天、现实与未来，让历史赋予我们今天的生活以意义，我们就生活"在"历史"之中"，在历史寄予我们的"意义"之中，我们在历史中更清楚地看见我们的过去、现在和未来，我们也因此而真正"拥有"了历史。但恰恰我们的历史教育更多地让我们拥有的只是历史的知识或者说"常识"，却并不"懂"历史，不会"在历史中""看""听""思"，也不会"看""听""思"那绵延至今的切身于我们的"此时此在"的"历史"，所以我们"无""历史"。

心中"无""历史"的我们自然也难以懂得怎样去尊重历史。尊重历史绝不是照搬历史，照搬历史恰恰是实用主义地对待历史，是不尊重历史，相反，尊重历史是要我们在反思、批判、借鉴、继承、创造的基础上，不去重蹈历史的覆辙，不重复历史，尤其是历史中的不幸。倘不会"看""听""思"历史，不能"看见""听到""思及"历史深处的暗淡图景、无言诉说、无形脉络，我们又如何知道我们是在重复历史还是在创造历史呢？尊重历史也不是让我们沉迷于过去的旧梦，那会让我们盲目，看不到未来而最终迷失历史前进的道路，尊重历史是让我们在正视历史的前提下，把握历史发展的深层脉络，面向未来，创造性地开拓历史的新篇章。不尊重历史，不正视历史，我们的创造便可能失去它的根本依据，它又能向前走多远？

"今天，我们的社会是一个生产和消费的社会，人们生活得不错，不过我们就这样满足现状了吗？对事实一味盲目无知吗？如此虚幻不实？如此不负责任？如此爱说谎？如果我们仍然这样，我们所面对的将是一个与两次大战的灾难完全不同的另一个大灾难，而且到那时我们也会觉得那不是自己的责任。我们不但要了解历史上所发生的事，而且要反省历史，这样才得清楚本国的道德和政治状况。今天和过去一样，最疯狂的事仍然有可能发生。历史之光照亮了当下，它不但告诉我们一去不返的往事，更指出过去发生过而今仍存在的事情。"①我想起了勃兰特 20 世纪七十年代造访波兰，在凭吊第二次世界大战期间被纳粹屠杀的犹太人的陵墓时，面对几百万亡灵和整个世界，在众目睽睽之下那永恒的一跪。第二次世界大战屠杀也许与他们这一拨人并无直接责任，但那是他们心中的历史，他们心中"有""历史"，他们要对他们心中的历史承担责任，惟其如此，他们才可能对他们的现在和未来承担起责任。我们常常责备日本人有意无意地遮掩、抹杀那段不光彩的历史，可是反过来，我们为什么不问问自己，对于过去，我们自己又记得多少呢？

与其把希望寄托于他人的良心发现，不如更多地面对我们自己，面对我们自己的历史。如此说来，如果我们的历史教育既不能让我们理解历史，又不能让我们面对历史，那么，我们的历史教育何为？

想起刘胡兰

刘胡兰是小学课本上烙在我心中的一个永远的"结"。这是一篇深深地印刻在我童年的脑海里的文字，这是一篇数亿中国人耳熟能详的文字：

> 1947 年 1 月 12 日，天阴沉沉的，寒风吹到脸上像刀割

---

① 雅斯贝尔斯：《什么是教育》，第 58—59 页，北京，生活·读书·新知三联书店，1991。

一样。国民党反动派包围了云周西村。由于叛徒的出卖，年轻的共产党员刘胡兰被捕了，关在一座庙里。

敌人想收买刘胡兰，对她说："告诉我，村子里谁是共产党员，说出一个，给你一百块钱。"刘胡兰大声回答："我不知道！"敌人又威胁她说："不说就枪毙你！"刘胡兰愤怒地回答："不知道，就是不知道！"敌人从刘胡兰口里得不到什么，把她打得鲜血直流。刘胡兰像钢铁铸成似的，一点儿也不动摇。

敌人把刘胡兰拉到庙门口的广场上，当着她和乡亲们的面，铡死了被捕的六个民兵。敌人指着血淋淋的铡刀，说："不说，也铡死你！"刘胡兰挺起胸膛，说："要杀要砍由你们，怕死不是共产党！"她迎着呼呼的北风踏着烈士的鲜血，走到铡刀跟前。

刘胡兰光荣地牺牲了，那年她是 15 岁。

毛主席听到这个消息，亲笔写了挽词："生的伟大，死的光荣。"

1947 年 2 月，山西《晋绥日报》连续两天刊登的消息，使刘胡兰的名字在华北大地不胫而走。随后，毛泽东又为她亲笔题词："生的伟大，死的光荣"！刘胡兰的故事从此闻名全国，并代代相传，一直到 20 世纪末，还是小学课本里的课文。记得我读小学的时候，刘胡兰的课文应该是在中年级，到后来，可能由于小孩子的整体水平提高了，这篇经典课文也逐步提前。我手头的版本是人民教育出版社 1989 年版 1992 年第 3 次印刷的，安排在小学语文第一册，成为小学生入门的课文，刘胡兰便成了无数中国人童年记忆中的一个永远挂念的情结。

我原本对我小学课本里植入心中的刘胡兰情结，没有太多的遐想。我们这一辈都是这么被教育过来的，对刘胡兰充满了敬爱和五体投地的佩服，对罪恶的"敌人"充满了刻骨铭心的仇恨，这是滋养着我们这一代人少年时光"宝贵"的、也差不多是主要的精神食粮。小小的她，就像一面迎风飘扬的旗帜，上面写满了"革命""献身""伟大""光荣""仇恨"，随时召唤着我们去"谱写""革命"的"新篇章"。直到有一天，我在网上搜索到这样一首小诗：

> 头一昂/胸一挺/铡刀压着脖子/"说不说？"/"不！"//那一年她才 15 岁/15 岁应是唱着歌的少女/15 岁应是读着诗的学生/15 岁应是浪漫伴着追梦的花季/而她却用 15 岁的生命/染红了"生的伟大 死的光荣"的碑//假如她活着/假如她现在 15 岁/她的舞一定会跳得很好/当我向她发出邀请/她一定不会说/"不！"①

我恍然大悟，革命的目的原来正是为了每个 15 岁的小姑娘都能快乐地生活、享受、成长。有人这样写道："终极关怀是诗意化的，处于更高的层次，它的忧患意识、价值呵护、意义追问，在张扬形而上的精神崇高的同时，遮蔽着乌托邦的一面，作为完整的人生，作为首先必须活着的个体生命，毕竟不大可能完全按照终极理想去书写；初级关怀是世俗化的，具有更宽广的覆

---

① 牟澎：《想起刘胡兰》，载《中国邮政报》，2002 年 7 月 5 日。

盖面，社会的大多数成员，首先关注的是当下生存，'日图三餐，夜图一宿'，比起精神家园的构筑，虽觉暗淡，却是最低层面的生存呼喊。"①在此意义上，刘胡兰的牺牲正是为了以后像刘胡兰年纪的少年们都能享受到这个年龄阶段应该享受的欢乐与幸福，唱歌、读诗、跳舞、浪漫伴着追梦，这正是花季少女在今天的正当生活的权利。

我把目光投回到现实，一个我不容回避的问题是，为什么我们要不断地把刘胡兰的故事放到小学一年级学生的语文课本里？是让大家从很小的时候就开始记住她，并且一生想念她、追随她的足迹，还是让比她还小得多的，或者如她年纪的孩子们珍惜今日的生活、快乐的享受童年？我苦苦地思考，能从我的记忆中搜索出来的最好的答案是，编者的意图乃是要大家记住她、怀念她、并且学习她，从小立志，发奋图强，报效祖国，当然也要想到今天的生活来之不易，它付出了无数革命先烈的鲜血，所以大家要好好珍惜今天的幸福生活。但实际上，它能给小孩子们带来究竟是什么呢？难道不是生活的沉重和艰辛？难道我们就不能等孩子们长大以后，或者长到刘胡兰 15 岁年纪的时候，再去理解、接受这份生活的艰辛与沉重不可吗？

社会已经发展到今天，我们不能不思考这样一个问题：我们究竟应该给予我们的天真活泼的小孩子们以何种品性的教育？如果说刘胡兰以稚幼的肩膀担当神圣的革命价值是出于特殊的时代，可为什么我们一直还在比刘胡兰还小的孩子心灵里不断地传诵着刘胡兰的"生的伟大、死的光荣"？为什么我们的身边不时会

---

① 谭学纯：《人与人的对话》，第 152 页，合肥，安徽教育出版社，2000。

出现小英雄不断地以血来洗刷我们成人世界的眼睛呢？

当我们对六七岁的孩子要求他们记住刘胡兰的时候，实际上我们是在给他们童稚的心灵刻下他们这个年龄阶段无法理解的，也不需要他们这么早去理解的阴影。当他们过早地认识、接受到世界的凶险、残暴的另一面，他们被强迫接受太多他们这个年龄阶段难以承受的事件，哪怕这个事件是多么伟大，他们的心灵就可能会多增加一份负担，多一份早熟，他们童年的幸福生活实际上就少了一分可能。不是经常有小孩子喊"我很累"，甚至有十一二岁的小孩为读书所困而自杀，这难道不能引起我们足够的思考吗？也许，我们应该更多地从小学入门开始就强调的主题，乃是生命是宝贵的，无论如何要珍爱生命，而不是让他们过早地承受那份本不该属于他们这个年龄阶段的挂念。我有这样一种可能幼稚的想法：人还是活着好，不管那人是英雄还是狗熊。一个社会，一种教育，如果总是以倡导人的献身作为基本理念，这个社会，这种教育，一定有什么问题，可能是不太正常的。

听说英国议会专门通过了一道法令，为儿童们设立一个"游戏节"。该法令说，游戏是人类的本能与特权，给孩子们设立一个"游戏节"，有利于从小培养他们的独立精神和协作能力，有利于激发他们的想象力和创造力，也有利于他们对人生产生健康乐观的态度——而是否具备这些能力和素质，将决定孩子们未来事业的成败和生活的苦乐。早在五四新文化运动中，周作人就在《儿童的文学》讲演中明确提出，"以前的人对于儿童多不能正当理解，不是将他当作缩小的成人，拿'圣经贤传'尽量的灌下去，便将他看作不完全的小人，说小孩懂得什么，一笔抹杀，不去理他。近来才知道儿童在生理心理上，虽然和大人有点不同，但他仍是完全的个人,有他自己的内外两面的生活。儿童期的二十几年的生活,一面固然是成人生活的预备,但一面也自有独立的意义与价值。"鲁迅则更进一层,提出"先从觉醒的人开手,各自解放了自己的孩子。自己背着因袭的重担,肩住了黑暗的闸门,放他们到宽阔光明的地方去;此后幸福的度日,合理的做人"的儿童教育主张。在今天听来,启蒙者的声音依然振聋发聩。

也许,我们这个民族长期以来,由于生活得艰辛,也生活得太沉重。所以,我们习惯了身上的重负,所以我们始终学不会一种游戏的品格。难道我们就不能多给孩子们以更多游戏的品格,让他们享受欢乐的童年吗?没有游戏的童年是残缺的,缺少幸福体验的童年是暗淡的。也许,缺少了游戏精神的人生,没有幸福童年体验的人生,注定是沉重的。

有一天,我给学生讲课时,突发奇想,我说,我多么期望有奇迹发生,在铡刀前,有一位勇敢的成年的(最好是男性的)共产党员站出来,大声地说,"不要找一个十五岁的小姑娘。有事冲咱来!"可惜,历史无法假设。刘胡兰已随着历史的烟云而早早地离去,而且时下的小学语文课本已不再有《刘胡兰》这一课。也许,随着岁月的流逝,人生的渐渐负重,社会生活的日趋繁华,刘胡兰的影子终将渐渐地从记忆中淡出。那么,这究竟是一种幸运还是不幸?抑或两者兼而有之?

我忽然开始怀念刘胡兰,怀念那个未曾享受过花季少女正当快乐的小女孩,她在人生刚刚开始的时候,就匆匆地落下帷幕。如果她生活在今天,那会怎样?坦率地说,我没有一个吃准的答案,只有一种莫名的期待、想象和难以释怀的惆怅。

《血战台儿庄》：一部每年必看的经典战争电影

每年到 7 月份，总会有多家电视台播放《血战台儿庄》。只要碰到了，我都会静静地看完。昨天又看了一回，都不知道这是看了第多少回了。

好几次都有要为这部电影写点文字的心绪，但真要落笔，却不知道从何写起。

在我所看的国产战争电影中，毫无疑问，这部电影当排第一。这么武断的结论的理由是，这部电影非常真实地再现了战争的残酷，而且抛开了意识形态的差异，真实地再现了国民党部队在台儿庄战役中的英勇血战，让人叹服。

我们耳熟能详的战争故事片主要有两类，一是抗日的，一是抗蒋的。小时候只要是打仗的，都喜欢看，长大了当然有些不一样，总觉得自家人打自家人看起来不是那么回事，所以只对抗日的电影有些兴趣。抗日的电影主要是以共产党领导的抗战故事为主，这其中当然有几部经典的，《小兵张嘎》《地雷战》《地道战》《铁道游击队》。这几部片子看起来都比较过瘾，因为最终的结果是我们战胜了敌人，特别是《小兵张嘎》，让人觉得战争原来是那么有趣，所以我们小时候都有一种很想打仗的心愿。但长大后逐渐发现，这些电影有一种明显的把战争浪漫化的倾向，在把战争浪漫化的过程中显示我们超常的战争智慧与作为战争胜利者的无上光荣，某种意识形态的偏见遮蔽了战争的残酷。短时间的浪漫与辉煌，以浪漫化的胜利而获得的对民族、群体自尊的维护，掩盖的是长久的战争的悲情与残酷。除了把短暂的胜利浪漫化，还有一种就是把死亡浪漫化，赋予死亡太多的神圣的意义。比如，《狼牙山五壮士》，我非常敬佩他们的慷慨献身，但一个人的献身应该不仅仅是基于道义的慷慨，难道没有一丝属于个体生命的悲情？

唯有《血战台儿庄》，可以说是比较真实地再现了战争的残酷与死亡的悲壮，让人对战争、对历史获得一种痛彻心扉的思考，而不是以战争的浪漫来获得一种自我的假象的尊严与短时间的愉悦。

战争的意义应该是多维的，而不是单一的。我们究竟应该在今天的世界中建构怎样的战争想象，从而通过战争来唤起民众怎样的精神，而不是简单地服从于狭隘的民族主义的精神意象，这难道不是一件十分重要的事情吗？

也谈范仲淹的"忧乐"情结

范仲淹的《岳阳楼记》是传诵千秋的历史名篇，它不仅使岳阳楼名扬天下，甚至就是一座城市——湖南岳阳——存在的标志。其中的"先天下之忧而忧，后天下之乐而乐"更是令人读之难以忘怀的佳句，不仅如此，它还是作为一种民族精神，穿越历史的时空，成为我们今人享用的珍贵的精神资源。在我们身边，朗朗上口的《岳阳楼记》能全文背诵的大有人在，即使背诵不出，这句

"忧乐关情"的名句可谓无人不知，无人不晓，只要稍微读了几年书的人。

我也一直沉浸于对这种忧乐情结的叹服中，没有一丝别的想法。后来读到刘小枫的《拯救与逍遥》，他在其中谈到中国先秦儒家没有一个不是以道德独断论口气说话，这使我开始反思传统知识人的说话姿态和身份意识。确实，我们的传统知识人从"立德、立功、立言"三境界开始，到《大学》里的"修身、齐家、治国、平天下"，到张载的"为天地立心、为生民立命，为往圣继绝学，为万世开太平"，其中所张扬的正是一种士人以道德者或者说贤者、仁者身份的存在姿态，即一种从骨子里认为自身优越于普通百姓的生存姿态，这打孔子看不起稼穑之人就早已露出端倪。那么，范仲淹是不是延续了这种贤人身份意识呢？回答是肯定的。正是在"先天下之忧而忧，后天下之乐而乐"这一千古名句之前还有一句："吾尝求古仁人之心"，他一脉相求的正是中国古代传统知识人（先知先觉者）的贤人情结。在其忧乐情结背后，他正是延续了中国历代优秀的知识人心忧天下、关爱他人与社会的普世情怀，但同时也洋溢着传统士大夫的贤人情结，即其中若隐若现地把自我设定为道德高位者，设定为与平民大众不同的人，"我"是作为"贤人""仁人"去担当天下的忧乐，或者说"我"通过对天下之人的忧乐的担当来显现"我"之作为知识人存在的贤明。

由此引发一个重要的问题，那就是我们究竟应该怎样继承、发扬范仲淹的忧乐精神，甚至包括诸多中国传统美德，乃至历代传承下来的民族精神？是否其中也存在着反思和超越的必要？我们要发扬这种心忧天下的普世情怀，但同时我们也同样需要反思我们自身存在的姿态和身份意识，即我们究竟应该以一种怎样的身份来关爱他人与社会，承担社会责任？是因为我们道德上的高远，比别人优越，还是因为我们作为这个社会的一员，我们同在一片蓝天之下，我们的命运休戚与共？或者说，我们是作为一个一个的人，与别的一个一个的人，我们之间有着生命的内在关联，关爱他人与世界，同样是在关爱我们自身的生命，因为他人的生命也是我们生命世界的一部分？

今天，我们的社会在一步步走向公民社会的时候，我们所需要的一个重要的理念就是人与人之间的平等。现代公民社会的教化理念，要求我们必须先行设定的基本理念就是人格上的平等。尽管我们承认每个人的道德境界是有差异的，但每个人在道德人格、在生命存在的价值与尊严上是平等的，没有君子与小人、上品与下品的等级差别。我们倡导对他人和社会的关爱，这不是因为我们人格优越，足以"垂范"去充当他人的导师，而是因为我们在社会中，作为社会的成员，扮演着不同的社会角色，承担不同的社会职责。我们需要走出君子与小人的先行设定，走出"垂范""人格导师"的教化者身份意识，这个社会需要每个人相互之间真诚地倾听、平等地对话，从而敞开社会的智识视野。知识人所扮演的角色不过是以知识和理性说话，以不断地问知来为社会提供不断开放的智识视野。

这实际上涉及近现代社会转型中知识人存在姿态的一个重要问题，那就是我们究竟是充当社会的先知，自视为社会的良心，从而以某种优越的姿态居于众人之上，还是作为普通的社会成员，以知识者的姿态来履行作为一个普通社会成员的责任。在这

一点上，我们跟社会其他行业的职业者并没有本质的区别。虽然
"我"也心忧天下，但立足于独立、平等、自由之上的忧乐意识，
所显明的"我"并不是作为一个超越于大众之上的圣人、贤人，去
心忧天下，"我"是作为普通社会的成员，作为公民的身份去表达
"我"对社会的关切。

　　我们今天当然也需要，甚至更加需要个人对社会的积极参
与——现代民族国家正是建立在社会成员对社会公共事务的积极
参与之上——需要继承发扬范仲淹对社会和他人的"忧乐"意识，
就像我们需要继承发扬雷锋精神一样，因为它们实际上构成了我
们民族精神与民族美德的一部分。但我们务必要明白一点就是，
我们今天对社会的忧乐担当，乃是基于我们每个人作为一个"人"
的身份来表达他对与其相关的整个生命世界的关注，或者是基于
我们作为一个现代公民的身份承担作为社会一分子的社会责任，
而不是如传统的贤人情结借以显明自身在道德人格上优越的社会
身份。这是一种理性的担当，是我们作为现代公民社会的理性参
与，而不是基于对国家社会的盲目的热情与冲动。

　　张中晓在《无梦楼随笔》中，曾这么评价范仲淹的"忧乐"情
结："凡人之情，己处其乐，不知人之忧，己处其忧，不知人之
乐。范仲淹之忧乐，乃理性之公，非人情之私也。"一个人要真正
做到这种忧乐是十分困难的，它需要我们以一种对他人和天下的
理性的认同来超越个人的一己私情，范仲淹的忧乐情结可嘉可
勉。但我心中依然疑惑，范仲淹的忧乐情结固然体现了一种"理
性之公"，但这种理性的忧乐是否真的超越了他的时代，超越了
传统士人情结？抑或，是我误读范仲淹？要么，就是身处逆境之

中的张中晓把自身的理性情怀寄托在范仲淹的忧乐情结之上，"借他人酒杯，浇心中块垒"？

曾读到里尔克的《严重的时刻》，那种对人与人之间在生存意义的关切的体认，锥心刺骨，让人过目难忘。这其中是不是隐含了另一种样式的忧乐情怀？

此刻有谁在世上某处哭，

无缘无故在世上哭，

在哭我。

此刻有谁在世上某处笑，

无缘无故在世上笑，

在笑我。

此刻有谁在世上某处走，

无缘无故在世上走，

走向我。

此刻有谁在世上某处死，

无缘无故在世上死，

望着我。

第三辑　自由陶冶如何可能

道德教育：从尊重日常生活的德性品质开始

先说两段旧事：

2001年10月31日下午，宁夏吴忠市副市长王明忠率领吴忠市所辖5县(市)主管农业的副县(市)长、农业局长、水保局长等，分乘9辆轿车下乡视察农田基本建设。当车队由南向北行至中宁县新堡乡七星渠黄湾桥时，迎面遇上新堡中学七年级(1)班13岁女学生王萍。当时王萍正骑着自行车过桥，桥面很窄，王萍准备下车躲避车队时，不慎连人带车一起掉到桥下。王萍是在距渠南岸约两米处，从桥的西侧落水，很快被水从桥下冲到东侧，并几次挣扎着浮出水面。当时，车队已经全部停下，乘车的领导加上司机30余人下车后在渠岸上观望，没有一人下水救助，致使女童失踪。

有意思的是，就在这一年，中央电视台焦点访谈还报道了另一件农民集体救人的事件：

> 11 月 30 日，安徽省亳州市吴老家渡口发生一起特大沉船事故。事故发生后，村民们迅速展开了救援行动：在村干部的指挥下，几名入党积极分子首先跳水救人，紧接着村民们也纷纷跳下水去展开救援；距事发地点不远的一位渔民看到后，也划着小船飞速赶来，一趟趟地往岸上送人；同时，乡亲们自发组成了救护队，配合随后赶到的 3 家医院的医护人员进行抢救；另外，亳州军分区和谯城区武装部的 50 多名官兵也赶到了事发河段，迅速展开营救。在政府和当地村民的共同救助下，落水的 44 名乘客中除 23 人丧生外，有 21 人获救，其中大多数是农民自己救起的。在整个救人过程中，出现了许多可歌可泣、令人感动的场面，被当地群众传为佳话。

上面两则报道是原原本本地从网上新闻中摘录下来的。关于前者，个中是非，早已有了结论，赔偿的赔偿，撤职的撤职。我这里关心的问题是：一个人的教养水平与一个人关键时刻的道德行为究竟有多大关系？那从市长到局长的群体整体教养水平，受到的各种社会意识形态教化的程度肯定要远在那群农民的教化水平之上，可恰恰在关键时刻的表现却全然相反。一是观望，尽管领导辩解说打了几个求救处理电话，但不能改变作为观望者的本质；二是自发援救，其中有的下水去救人是因为有自己的亲人，可一旦下水就顾及不了是亲人还是别人，救一个算一个，尽管当时气温很低，不少农民都是接二连三地下水。为什么会出现这种迥然不同的差异呢？我不想说这是由于我们的官员更多地喜欢指挥群众怎么做，没有群众在场要自己亲历而为时当然就只有"观望"了。但其中包含的一种道德隐忧是，一个人教养越高他对事情可能出现的各种后果的考虑就越多，这使得他的道德行为实践需要更多的道德勇气支持。而受教育水平较低的人，对事情的可能性后果也考虑得较少，一旦关键问题出现，他们直接想到的就是救人要紧，而大都不会去拐弯抹角找很多理由来支持自己行动的犹疑。甚至，从身边经常发生的舍己救人的报道中，尽管我们也可以看到干部或者其他受过更高教育的人也在其中，但多数时候都是受教育水平并不高的普通平民，甚至经常出现的还有中小学生。

我于是产生一种想法：一个人的教养水平的高低，或者说一个人受社会教化程度的高低，跟一个人的道德行动的能力之间，并没有必然的正相关的联系。换言之，一个人做一件好事，甚至是一个英雄般的举动，并不一定是出于社会高尚伦理的教化，而更多地就是来自自身生活经验中所蕴含的习俗、传统，甚至潜移默化地浸染而成的一种人性之自然。我想起我们小时候写好人好事的作文，总是这样一种模式：看到一位老奶奶挑着一副担子，我马上想起了雷锋叔叔，这时候心里涌起一股力量，连忙跑过去，把老奶奶的担子接到自己肩上。帮老奶奶挑担，给老爷爷让座，我们做这些事情的时候真的要想起雷锋叔叔才会去做吗？其实，雷锋自己做好事时，在很大程度上跟那个时代的单一意识形态教化有关，使他时刻都把自己想象成毛主席的好战士、是党的形象的代表。但同样我们应该看到，他的身上许多时候其实不过是作为一个普通个人的美德的表现，不乏中华民族传统美德的潜在的影响，而不单是作为实践意识形态伦理教化理念的载体。

尽管平民个体凡庸的日常生活也可能会较多地表现出斤斤计较、目光短浅、自私狭隘等平庸的品质。这决不仅仅限于农民群体，每个人的日常生活品质都或多或少会有所表现。但这种日常生活同样也孕育着相互尊重、相互关爱、尊老爱幼等优秀品格，而且往往会在关键时刻表现出来。原来日常生活中也深深地蕴藏着优秀德性品质的可能性。

我这样说并不是要否定宏大的意识形态伦理教化的意义，更不是否定专门的道德教育的价值。而是说我们的社会教化、学校道德教育或许应该更多地从尊重日常生活开始，尊重日常生活中所蕴含的体现了千百年来人们生存经验积累的习俗、传统、美德，在此基础上再去引导个体追求高尚的道德品质，而不是一味地以较高形态的道德规范的灌输来要求个体。道德教育唯有立足日常生活，才可能超越日常生活。同时，我们也需要实事求是地看待我们生活中不时地树立起来的道德榜样，仔细想想他们的道德意义究竟何在，不盲目拔高道德榜样的道德内涵。

教育引领与生活养成

——从中学生自杀谈起

新学期之初，听到上海几个中学生自杀的消息，止不住内心嘘唏。在"少年不识愁滋味"的小小年纪，竟然选择自杀来结束自己尚未绽放的生命之花蕾，让人怎一个可惜了得？

类似的问题追究其原因，我们常常归结为缺乏足够的心理耐受力。这当然没错，但究竟是什么原因导致心理耐受力的缺乏呢？单纯地归结为心理耐受力，就会把中学生的自杀简单地归结为心理的问题，而不会上升到社会与时代的高度来反思。

从耐受力的视角来看待自杀，这是从消极、被动之维，即从个人主体性发展的消极角度，也就是在个人主体性发展的过程中怎样提高应对挫折事物的能力，而不是从个人主体性本身出发，积极主动地以成熟的个体人格，来应对外在事物。所以，我们不仅需要从消极之维个人能力的缺乏去思考，更要从积极之维看个人主体能力的缺乏何在，也就是怎样深切地反思当下中小学生主体人格发展中主动性层面的缺失。

当前中小学生发展中遭遇的主要问题是，由于当下教育竞争的压力畸形扩张与教育本身的过度体制化，大大地弱化了中小学生自由陶冶的空间。他们生命的触角基本被局限在各种显在隐在的应试（各种考试与技能测试）教育体系之中，这大大局限了孩子们自由陶冶的可能性。加上我们单面的现代化理念中所倡导的维

91

新、维时尚，使得我们的孩子们的精神空间更多地被时髦的、潮流的东西所充塞。这些东西往往炫人耳目，也就是带给孩子们生命的轻盈愉悦，却不能给他们的生命以深切的陶冶。但它们对孩子们心灵空间的占据，却隔离了孩子们自由地亲近自然、亲近民间、亲近底层文化的可能性。

多少年来，正是这些非正规教育因素的潜移默化的滋润，构成了个体生命基本的资源，成为个体生命意义的源泉与生活勇气的来源。今天的孩子们却越来越多地生活在当下性的、人为设计性的精神空间里成长，生命的滋养难免单一。某些显性的层面很发达，那些隐性的、无法用外在手段衡量、没有社会性价值的层面则可能很不发达，这直接导致生命成长的畸形化。

基于个人生命发展的完整教育原本包括学校引领与生活养成，正规的学校教育承担主导性的生命发展目标，而日常生活中无所不在的养成性教育则全面的滋养生命发展的诸多细节，使得学校教育没有半点反包罗的内容都能潜移默化地在生活中完成，学校、家庭、社会由此而彼此互补，相得益彰。当学校、家庭、社会的教育功能统一在应试体制之中而呈现出来的空前单一化，就直接构成了个体教育陶冶广泛性的遮蔽，单一的教育使得个人接受的教育影响是单一的，不足以应对生命的完整性与复杂性。这意味着今天的孩子们尽管从不同路径接受了各种繁杂的教育资源，在多渠道的教育影响中使自己显现为外表上的光鲜亮丽，知识、见识、能力都很出色，但这些基本上都是一个层面、同种质性的教育影响，都是浮在孩子们生命表层的缀饰，他们生命根底的滋润却是贫瘠的。

　　当然，我们今天的教育模式肯定会不断地造就出优秀的年轻人，尽管他们生命中也会有某些缺失，但他们在当下的成功会直接补偿他们的不足，或者他们慢慢获得的社会经验也会逐渐弥补他们的缺失。但对于那些过早地淘汰，甚至过早地因为这种教育的不当而失去了生命的孩子，则意味着就是一切。我们的目光会越过那些成功者而接近那些沉默的牺牲者吗？他们的死是否与我们有关？我们是不是还要不加反思地、一如既往地执着于制造单面人的事业？

　　生命的完整性与生命成长的不可简单控制性，意味着个体成长的资源应该是开阔的，非完全设计性的。这意味着教育必须体现开放性，这种开放性指向一切有利于个体生命发展的事物，指向体制化教育之外、流行与时尚之外的自然与文化，并且实实在在地敞开个体深入其中获得陶冶的路径，从而向着生活世界的细微与幽深之处开放。我们今天的学校教育又越来越多地排出了安全教育、心理教育等课程，这当然是十分有意义的，但这些做法只能是亡羊补牢，头痛医头、脚痛医脚，我们必须把生命发展作为整体来思考，敞开应试教育体制之外的陶冶空间，拓展生命朝着不同向度发展的可能性。

　　个别中小学生的自杀当然是属于个体性的事件，但个人包容在整体之中。当自杀的信息一个个传来，这其中，难道不是折射出当下教育与社会文化的某种根本性的危机？

"不是艺术模仿生活，而是生活模仿艺术"

艺术源于生活，高于生活，这话说起来也不算错。但这里通常被误读为艺术必须简单地忠于生活，这就会导致艺术品格的降低。

我们常常被一种机械的、庸俗的艺术论左右，简单地崇尚生活，把生活理想化。其实，这里面隐含着一种民粹的意向，把民众抬高，把知识人、艺术人贬低。其中隐在的危机则是把社会生活的品格降低，导致精神世界的平庸化。

对于真正杰出的艺术家而言，首先要做的事情是凝视，凝视艺术美之所在。教育也一样。如果说教育是一门艺术，而不是技术，那么，教育人首先要做的事情，就是凝视，凝视教育的真，教育的原型，从而给现实的教育行动赋予高贵、和谐的形式，而不是简单受制于当下的现实。

我们必须在内心允诺，有一种更高的教育居于我们的现实之上，从而在凝视中分享教育的原型，提升我们作为教育人的存在的品格。

简单地美化实践，其实对于教育理想与实践，都是一种损害。

平庸是平庸者的墓志铭

2004 年 4 月 16 日，看到国奥队 1：1 平马来西亚，冲击 2004 奥运会几乎无望的消息，我当时不假思索就冒出了这样一个题目。这个题目的灵感直接来自北岛著名的诗作《回答》：

> 卑鄙是卑鄙者的通行证，
>
> 高尚是高尚者的墓志铭。

被誉为超白金一代的国奥队，确实有着可谓辉煌的过去。2000 年 11 月沈祥福领着 18～19 岁的国青队小伙子们赴德黑兰征战亚青赛，冲进了 2001 年的世青赛。11 月 26 日，凭点球 8：7 胜伊朗勇夺亚青赛季军，实现国家队的梦想。

2001 年 2 月，中青队出征香港四国青年足球邀请赛，第一场比赛中，国青小将 3：1 战胜阿根廷进入决赛。决赛中对阵巴西，在加时赛中被对手精彩远射攻破球门，0：1 告负。颇为遗憾地获得本次邀请赛的亚军。从此，沈家军迅速成长，由"黄金一代"成为"超白金一代"。2001 年世青赛，中青队赴阿根廷门多萨市首次出场便令人惊喜，凭借曲波在第 49 分钟的进球，以 1：0 力克来势汹汹的美国青年队，获得首场胜利。接下来又 0：0 逼平乌克兰，0：1 负智利，以小组第三名的成绩进入 16 强。在八分之一决赛中，以 1：2 负于实力强劲的阿根廷队，不无遗憾地结束了本届世青赛之旅。

接下来，这支队伍就一步步开始了下滑的转向。2002年5月，中青队正式升级国奥队。在随后的土伦杯中以0：0平英格兰，1：3不敌巴西，2：2平波兰，0：0平葡萄牙，未能获得出线权。同年10月，国奥征战釜山亚运会。中国队4：0战胜土库曼，3：0胜孟加拉，2：0胜印度。在四分之一决赛中0：1不敌日本，无缘四强。"超白金"光环，由此急剧褪色。

2004年3月，中国国奥队开始了第七次冲击奥运会征程。首场比赛对阵韩国，国奥0：1再次饮恨。中国队20年未胜韩国的噩梦仍然在延续。第二场比赛中，国奥队被"鱼腩球队"马来西亚1：1逼平，提前退出争夺雅典奥运会入场券的竞争，国奥走向"死亡"。许多行内人士评价，这支队伍早年的飒爽英姿早已荡然无存。

如今，摆在我们面前的问题是，为什么我们的国奥队员们会始于超白金，而终于一堆生铁？难道这只是球场上十几个队员的问题？难道跟我们平庸的足球机制没有关系？

他们当初作为国青队员时，之所以能取得好的成绩，一个重要的原因就是他们初生牛犊不怕虎的生气和敢于表现自己的个性。足球本是圆的，足球艺术追求的正是绿茵场上球员们的激情和创造性的张扬，循规蹈矩，不敢越雷池一步，保守，呆滞，根本就抓不住球场上稍纵即逝的机会。而这恰恰是我们今天的国奥队员们球场上的基本表现状态。

有这样一个现象，不能不让人关注：中国足球队员的成绩几乎是与年龄成反比的。这其中是否透露着某种迹象：中国足球是个大染缸，把年轻队员投进去，待的时间越长，圈子越熟，受毒害越深，就越缺乏足球的灵性。要么，为什么十七八岁的时候，踢球有棱有角的，灵气十足的，年龄越大越成熟，就越没有看头了呢，连输都输得让人乏味。保守，平庸，没有灵气，缺少锐气，毫无创造性。那么，我们不能不问的是，究竟是什么磨掉了他们身上的灵气和锐气呢？是教练平庸，机制平庸，还是我们整个社会环境，乃至社会文化心理环境的平庸？这种平庸是否只有足球圈里独有，还是跟我们每个人自身也有关系呢？

这个回答是肯定的。回头看看我们的教育现实，其实如出一辙，小时候我们的学生灵光闪闪，各级奥林匹克竞赛的奖牌一大堆，越大越表现出学习与生活的平庸和无奈。只有极少数天资较高的人，能在成人后有效的剔除所受教育的不利影响而表现出强烈的创造性品格，大多数人往往都变得平庸，生活中恪守常规，无所创造。小时候的灵气往往就被从小就面临的各种以标准答案为目标的考试和繁重的训练一点点磨灭，被我们的平庸的教育机制和急功近利的教育模式所磨灭。这样说来，我们的教育究竟是在增进人的创造性，还是在不断地消磨人的创造性？

时下常有人大言创造教育，可仔细一想，我们的教育其实首先不是如何积极地培养学生的创造性的问题，而是如何尽可能地保护儿童已有的创造性。让他们在年少的时候，尽可能地减少那种机械、平庸的训练式的教育，给他们的情感与精神空间有着自由舒展的可能，让他们能随着年岁的增长，能在一个更广阔的精神里去接受系统规范的知识技能训练，而依然能保持年少的活力与创造。否则，从小就把他们的心灵空间给塞得满满的，丝毫没有自由舒展的可能，长大后的平庸是必然的。

这意味着我们确实需要深入的反思，反思我们的白金一代如何变得平庸；反思我们的奥林匹克金牌得主们一旦进入了名牌大学，为何很快就失去了对该学科的探究兴趣而表现不出在该学科领域的积极创造；反思为何我们社会整体的创造精神与创新品格明显不足。如果不深入反思我们教育的平庸与急功近利，不反思我们的社会文化心态中的平庸品格，我们要想保持创造的激情与活力，让每个人都能在各自平凡的工作岗位中多一点新鲜活泼的创造，恐怕可能性是不大的。

如果我们一年又一年，一代又一代，始终走不出平庸的品格，那么，平庸会不会成为我们最合适的墓志铭？

创造如何可能
——从"蛆除伤痛"谈起

下午打开电视，中央一台"走进科学"中正在播放"蛆除伤痛"，看着看着还蛮有意思。

2005 年 9 月辽宁省大连市的贾先生在回家路上遭遇了一场可怕的事故。他的左臂被一辆疾驶而过的大货车剐掉了。经过再植手术，胳膊虽然接上了，却因严重感染而面临再次截肢，否则贾先生将性命难保。此时医生提出一个令人匪夷所思的办法："用蛆清创。"国内并没有相关临床经验，主要的依据是第二次世界大战中士兵受伤，发现凡是伤口上长了蛆虫的，都恢复得很快。原来蛆虫的分泌物具有除菌消毒的作用，而且它只吃腐烂组织，对好的肌体没有兴趣，这样，利用蛆虫就可以吃掉腐烂组织而又丝毫不伤害好的组织，避免外科手术中的负面问题。贾先生在除了截肢外没有更好的办法的情况下同意了医生的建议。结果证明，这个方案是可行的。

经常在刑事侦查案件中，看到优秀的警察总是能超越常规，提出富于创意的破案思路，并成功地解开死结。这就是我们平常生活中创造性带来的意想不到的收获。

仔细思考，这些人的创造性从何而来？创造性方案的提出有赖于个人丰富的经验、阅历、知识积累，更重要的是在个人积累与当下情景中建立有意义的联系。这就是发达的想象力。任何领域，不管是在自然科学还是在人文、社会科学之中，没有发达的想象力，一个人发达的创造力都是难以想象的。

还有一点，任何创造都是有内容的创造，都是立足于现有可能的创造，也就是能从周遭的现实情景中找到创造的资源。培育对个人周遭事物的敏感性，善用万物，乃是创造的重要来源。

当然，仅有发达的想象力还不成，具体到每个环节，还需要我们仔细、周密的思考与论证，只有这样，才可能真正让大胆的想象与严谨的逻辑融合在实践之中，从而真正发挥创造性的现实效力。

"用蛆清创"其实还有另一层重要的伦理意蕴，那就是任何创造，一个核心的问题就是首先如何保障创造主体的创造能力与创造资源，在有效地剔除障碍的同时又不失去主体本有的创造能力，从而在新旧主体之间实现平稳而和谐的过渡。

看来，我们不能不再回到 20 世纪之初，听听那位启蒙先驱者的声音："大胆地假设，小心地求证。"这对于我们今天大谈教育如何创新、民族如何创新，难道不是一个远没有过时，甚至还远没有认识其价值的重要命题吗？

"面朝大海，春暖花开"

> 从明天起，做一个幸福的人，
>
> 喂马，劈柴，周游世界，
>
> 从明天起，关心粮食和蔬菜，
>
> 我有一所房子，面朝大海，春暖花开，
>
> 从明天起，和每一个亲人通信，
>
> 告诉他们我的幸福，
>
> 那幸福的闪电告诉我的，
>
> 我将告诉每一个人，
>
> 给每一条河每一座山取一个温暖的名字，
>
> 陌生人，我也为你祝福，
>
> 愿你有一个灿烂的前程，
>
> 愿你有情人终成眷属，
>
> 愿你在尘世获得幸福，
>
> 而我只愿面朝大海，春暖花开。

海子的这首诗，我十分钟爱，我不止一次对这首诗做出了自己的解读。最让我萦怀的是其中对幸福的一种温暖、恬淡而悲悯的看法，特别是对陌生人的祝福，"愿你在尘世获得幸福"，而"我只愿面朝大海，春暖花开"，每次读到这里总是有一种深深的悲怆感。

我一直在思考幸福如何可能的问题，可以说从我进入教育研究开始，就在触及这个问题，只不过早些年的思考有些表浅而浪漫。随着个人思考的深入与个人周遭人事的渐渐领悟，慢慢地，我对幸福问题的认识有了质的转变。特别的，当幸福成为一种口号与标签，我们就不难看出，其实，我们已经在远离真正的幸福问题本身。

人同时生活在两个世界之中，每个人都面临着两个世界，只不过不同的人两个世界在个人生命中的意义不一样：一个世界就是我们日常生活所及的世俗世界，还有一个就是高于日常生活世界之上的精神世界，或者说理想人格世界。如果我们纯然只是作为日常生活世界中的存在，那我们就是纯然的物性的存在，也就是柏拉图所讲的"猪的城邦"的生活的存在。但实际上我们总会有适当地超越日常生活之上的人格世界，在那里我们暂时摆脱日常生活世界的诸多限制，而显现为一种纯粹的精神存在。也正因为我们有两个世界，我们的肉身置身于世俗世界之中，我们的人格精神可以适当地超越出来。所以，我们可以不简单地受制于周遭的环境，而表现出我们对于环境的独立，从而显现出我们作为人之格的存在。而恰恰我们的日常生活世界是多变的，充满着变数的，充满着各种冲击、诱惑、迷乱、困境，如果我们没有高于日常生活之上的独立人格世界，我们的生活与情绪就会全然受制于环境，我们就不可能获得我们作为人之格的独立性与完整性存在。

也正因为如此，我们实际上有两种不同性质的幸福，或者说两个不同性质的幸福的源泉。一种是世俗世界的幸福，也就是以快乐为中心的幸福，是肉身所能及的幸福，可以大致地理解为海子所说"愿你在尘世获得幸福"的"幸福"。还有一种，就是世俗世界之上的精神世界的幸福，作为人格实体存在的幸福，一种形上意味的幸福。如果说第一种幸福是以我们在现实生活中的需要的满足为基本内容，那么第二种幸福就是个体德性的幸福，是一种德性与人格的完整所表现出来的生命的富足。第一种幸福由于是以世俗世界的需要满足为基础的，所以是短暂的，是变幻的，而第二种幸福是以德性为基础的，所以是长久的，牢靠的。但由于每个人都是以肉身存在为基础的，所以第一种幸福当然是第二种幸福的基础，或者说是一种基础性的幸福，而由于人同时又渴求长久与永恒，所以第二种幸福则是第一种幸福的保障，同时也是更高层次的幸福，是一种不简单依赖世俗生活而获得的幸福。由于世俗生活的变数，所以一个人的完整幸福必须是两种幸福的共同实现，特别地要有第二种幸福作为不可或缺的组成部分，甚至是人之为人的根本幸福指向。

但现实中，往往我们看到的是，第一种幸福更容易满足，而第二种幸福更难以实现。实际上，我们身而为人，受七情六欲和各种世俗生活中的繁杂事务的影响，使得我们很难真正逾越现实生活的樊篱，而纯然地去追求理想世界的幸福。所以，我们经常可以根据自己的经验判断，德性与幸福并不是一致的，有德的人并不一定在现实中过得幸福，而无德或少德的人恰恰可能在世俗生活中过得更幸福。

纯粹的德性的幸福只有神才配拥有，人，即使是德性最高的人，实际上也难以真正拥有这种纯粹的幸福。这就是作为肉身存在的我们注定的难题，我们在尘世的命运本身就预示着我们很难找到真正的幸福，这或许才是海子说"我只愿面朝大海，春暖花开"的根本原因，因为他深深地知道，一个人，一个敏感的诗人，在现实世界中，其实是不可能找到恒久的、真正的幸福的。所以，诗人海子才会有一种深深的绝望感，在很大意义上，也正是这种绝望感使得作为当代最杰出的汉语诗人之一的海子写了这首诗后不久即卧轨自杀，看似无情却是万般有情地离开了这个他原本深深地爱着的世界。

正因为如此，我一次又一次地叩问，到底什么是幸福，什么是我们值得拥有的幸福，什么是我们配享的幸福，就成了宿命般地、如影相随地陪伴我们人生的恒久困惑的谜题。

切实地扩大教育中的自由陶冶

案例一　一天，某中学的学生在上学的路上遭遇车祸，死两人，伤三人。为此，教育局火速下令各中小学学生一律不准提前到校。接到通知，学校立刻宣布，学生欢呼雀跃。路上，有几个同学遗憾地说："哎，他们怎么不早点死呢？否则我们也不需要吃那么多的苦、受那么多的罪。"学生的无情真让人欲哭无泪。

案例二 某校一班主任工作兢兢业业，爱生如子。可就在中考前几个星期突然病倒，被确诊为"肝癌晚期"，弥留之际，她多么希望能再看一眼自己的学生。为此，校长发动全班学生捐款，为她买点礼品，并利用星期天去看望班主任。可哪里知道，学生表现出一脸的冷漠和不情愿。有的同学私下嘀咕道："我没钱，上次已经捐过了。"有的同学说："我不去，星期天还要去补课。"有的同学说："星期天我要去亲戚家吃饭。"有的同学说："我不去，听说这病会传染的。"还有的同学竟然干脆说："反正就要死了，以后也不会再教我们了，不去也罢。"冷漠，可怕的冷漠。

这种案例在今天并不少见。幸灾乐祸，甚至落井下石，这种行为的出发点是他人与我是没有关系的，或者说他人与我的关系只是一种功用的关系，如果说他人对我有价值，那跟我就是有关的，这就是他人的使用价值化。这实际上是唯我论的、极端利己主义的生命姿态，正是以自我中心的、利己主义的生命姿态导致了冷漠行为的发生。问题在于，这种利己主义的生命姿态的依据又是什么？

我们今天的孩子们更多地生活在个人的感官经验之中。基于生命自然的快乐原则成为生命的基本原则，快乐是以肉身感官为载体，这导致审美愉悦中的感性主义。与此同时，他们思考问题总是从自己所能看得见的利益出发，形成思维中的俗世化的经验主义，孩子思考问题是基于个人的经验和自幼形成的生命习惯。正是基于感性审美主义、功利主义、享乐主义之上的利己主义生命姿态导致孩子们丝毫不顾及他人，甚至把自己的快乐建立在别人的不幸之上。

　　当然，反过来，我们应该是理解孩子们，而不是简单的谴责他们，他们的生命姿态同样是一点点被周遭环境形塑出来的。最直接的原因是利己主义的价值取向渗透在个人生命周遭之中的，特别是大众文化中不断熏染的个人成功幻象，对孩子们的影响至深。与此同时，社会所渲染的目标也成了教育中孩子们的价值目标，读书就是获得个人的成功，个人生活的成功成为教育的主导性，我们的教育并不足以触及个人成功之上的更高目的。由于我们的教育竞争的激烈，由此而来的应试教育的无孔不入，以及这种竞争带给个人的伦理影响乃是生命的狭隘，由此而造就狭隘的伪精英主义的个人。一个人越被陷入应试的技术之中，他的生命空间就越小、越被局限。应试教育的核心问题就在于大大缩减了个人在教育中陶冶的可能性，成长中的孩子们在知识与智力上的发展丝毫也不影响他们在伦理上的自私与狭隘。

　　面对孩子们道德的冷漠，我们需要的不是简单的指责，而是切实地理解他们，理解他们生命姿态的现实与问题，从中寻找沟通的可能性。我们真正需要做的就是如何积极扩大教育中的自由陶冶的可能性，避免教育的流俗化，这乃是当下教育真正的困境。失去了内在陶冶的教育只能是造就大批高智能的利己主义的精英。与此同时，我们需要做的另一件重要的事情就是反思我们自身，我们究竟给他们提供的是什么样的伦理资源，什么样的道德示范，什么样的伦理期待？不反思成人世界自身的问题，一味地谴责孩子们不仅无济于事，而且只会扩大代与代之间的冲突。孩子们道德的发展，扩而言之，整个社会伦理价值的传递，需要代与代之间持续的信任，双方都能寻求积极的沟通。

是语文课本，还是伦理读本

近日读到谢冕先生在其随笔文集《永远的校园》中一篇文章，《我没有"童年阅读"》，感受颇深。其中谈到，"在我的记忆中，我几乎没有'童年阅读'的阶段。我似乎是一开始就摒除游戏性质的训练而进入'纯正'的文学阅读。"谢冕先生是在"艰难而充满忧患"的生存环境中被剥夺童年阅读的。作为六七十年代在红旗下长大的我们这一辈而言，虽然时代早已不是那个内忧外患的时代，但我们的阅读却并不见得比谢冕先生的童年幸运多少，到今天，印刻在脑海里的阅读记忆，最能轻而易举地跳跃出来的无非是小学语文课本中提供给我们的刘胡兰、邱少云、董存瑞、雷锋等革命英雄的故事，还有朱德的扁担、八角楼的灯光等。

随着童年时代的过去，我们好像也就慢慢地远离了小时候的课本，也远离了对小学语文课本的关注。因为以教育学和伦理学为自己专业的原因，我两年前收集了一套小学语文教材，当时也没有细看，直到这几天受谢冕先生文章的影响，我翻出了两本，人民教育出版社九年义务教育六年制小学教科书语文课本，都是第3册，一本是1995年版，一本是2001年版。我仔细一看，竟然发现，从20世纪90年代到2001年，我们的小学语文教材基本上还是一个套路。下面就以这两册课本为例，来谈谈我的感受。

我们先从相同的课文分析开始。1995年版与2001年版相同的篇目有《秋天》《我要的是葫芦》《诚实的孩子》《蓝树叶》《小马过河》《狐狸和乌鸦》《坐井观天》《捞月亮》《精彩的马戏》《初冬》《北京》《动物过冬》《植物妈妈有办法》《骆驼和羊》共 14 篇。除开其中《植物妈妈有办法》是科普性质的文章，《秋天》《初冬》《动物过冬》3 篇是与时令相关的稍微（也不多）带点童趣的课文外，其余 10 篇有 9 篇是伦理性暗示很强或者直接明示的课文：《我要的是葫芦》通过忽视邻居的劝告而使虫子吃坏了小葫芦的故事暗示我们要善于听从别人或者说长者的忠告（两个版本的书都画了一个老人在旁边）；《诚实的孩子》讲列宁诚实的故事，有两层伦理含义，一是要做诚实的孩子，一是要学习革命领袖；《蓝树叶》是讲的同学之间要相互关心、帮助；《小马过河》是讲的要相信自己、敢于尝试；《狐狸和乌鸦》讲的是不要相信别人的美言，不要轻易落入别人的陷阱；《坐井观天》讲的是不要自满自足，要不断地从自己的狭小世界里跳出来，关心外面的大世界；《骆驼和羊》，讲的是既要看到自己的长处，又要看到自己的短处；《北京》明显地传达的就是要爱北京，爱我们国家的首都，暗示的成分是爱北京就是爱国的基本内容。《精彩的马戏》本来伦理色彩不明显，前面都是讲马戏的精彩，但最后一句还是明显地露馅了："马戏团的叔叔阿姨真有办法，能让动物听从他们的指挥"。让小孩子看马戏，何必一定要让他们想到马戏团的叔叔阿姨呢？就好像钱锺书说的买鸡蛋何必一定要看母鸡呢？显然这其中隐含的伦理意义就是时刻要想到你的快乐是跟别人的劳动分不开的。还有一点，那就是马戏之所以好看，是因为它们都"听"叔叔阿姨们的"话"，隐在的意思就是我们也要听话。真正以童趣为中心的就只有《捞月亮》一篇，全文充满情趣，没有丝毫牵强的伦理意味。

　　我们再看看两版本不同的课文篇目。1995 年版中带有明显伦理色彩的课文还有：《温暖》讲周恩来关心清洁工人，伦理含义有两层，一是对周总理的敬爱，二是乐于做平凡的工作，典型就是环卫工人；《看企鹅》也是典型的伦理故事，一是以小光不讲秩序挤着看企鹅，从反面说明要讲秩序，一是以轮流吃食的企鹅为比喻，告诉小孩要处处讲秩序；《狼和小羊》是暗示小学生要警惕以狼为代表凶恶的坏人、敌人；《画鸡蛋》是讲画家达·芬奇画蛋，告诉学生学习、做事要耐心；《吃墨水》讲陈毅小时候的故事，告诉学生一是读书要勤奋，二是要以革命先辈为榜样；《补丁》讲艰苦朴素的毛泽东，同样是两层伦理含义，一是要艰苦朴素，二是要热爱领袖、以领袖为榜样；《美丽的公鸡》讲要谦虚，即使你真的美丽或者成功，都要谦虚。2001 年版中明显带有伦理色彩的课文还有：《难忘的一天》，难忘的原因就是邓小平爷爷看了我的计算机演示；《我是什么》本是有点科普性质的猜谜，讲水，但也明显在后面渗透了很强伦理暗示成分："人们想出种种办法管住我，让我光做好事，不做坏事"；《清清的溪水》讲的环境保护，不要破坏树林；《看雪》由台湾的看棉花做成的雪联系到老师在北京的看雪，其伦理含义也有两层，一是认识台湾是中国的一部分，一是强化要爱作为中国代表的首都北京。与 1995 年版相比，主要变化就是把以毛泽东、周恩来、陈毅等老一辈革命领袖的伦理榜换成了邓小平，增加了环境保护的内容，强化了北京意识。不同篇目中的伦理性课文上了 3 篇，由古典诗歌补上，1995 年版古诗只占 1 篇课文，2001 年版增加了 4 篇，正好补上。

前面的分析应该可以看出，从 20 世纪七十年代，到 21 世纪初，我们近二三十年来的小学语文教科书从大体而言之，真可以算得上是伦理教科书，从日常道德生活伦理规范到社会政治伦理规范，样样俱全。语文课文渗透伦理教育，也是重要的，所谓"人文教化"，通过语文教育来传递社会伦理价值。问题在于，语文究竟应该做什么？语文是以语言文学为本还是以伦理说服为重？在我看来，小学语文教育至少应该首先是优美的、活泼的、生机盎然的语言文本，而不是标准的伦理范本，毕竟我们还有思想品德教材系列。让孩子们翻开语文书一看，大都是从成人世界出发对儿童摆出的各种规范、道理，极少有能体现儿童视角、张扬儿童个性的趣味性课文，哪能真正体现童年阅读的兴趣来呢？汉语言文学世界，优美的适合儿童阅读的篇章真可谓多也，难道我们就真的那么难选择吗？

我非常赞成从小就渗透我们的孩子要有真诚的爱国之心，特别是在走向全球化的今天，民族心就变得更加重要。但问题是，爱国、爱民族究竟从什么地方爱起？爱民族语言本身就是爱民族的重要的内容，甚至如著名作家韩少功所言，"唯有语言可以从历史的深处延伸而来，成为民族最后的指纹，最后的遗产"，民族语言或许是我们进入现代或者后现代社会作为民族性的最后标志。怎样才能让我们的孩子从小就喜欢汉语言呢？当然就是让他们从小就能积极感受到汉民族语言的魅力，给我们的孩子以民族语言最优秀的范本，让我们的下一代，或者一代又一代，都能自觉地、并且深深地爱上我们的民族语言，在民族语言的认同中潜移默化地浸染一种深沉的民族文化精神与文化性格，民族意识的烙印就会一辈子无法抹去。如果没有让我们的小孩子从小就感受到民族语言的魅力，而仅仅让他们把民族语言当成了工具、手段，在被灌输成人预设的伦理规范之中根本就感受不到优秀汉民族语言的魅力所在，其最终的结果就是对民族语言毫无情感，这样，我们就真的可能失去了教育后代爱国意识、让民族性格源远流长的最重要的基础。

而且，还有关键的一点，我前面列举的是小学语文第 3 册，是给刚进入小学门槛不久的六七岁的孩子读的。过早地以伦理取代童趣成为语文教育的中心，让孩子们在这种以成人世界伦理参照为基本标准而精心设定的伦理规范，而不是以儿童个性、趣味的张扬为重心的阅读中成长，再加上我们从小就对他们进行的各种正儿八经的规范训练，诸如听课时把手放到背后，上课不准随意发言、不准有小动作等，我们培养出来的一代又一代，除了具有刻骨铭心的"听话者"人格，我们还能更多地期待什么？在这种背景下，我们成天喊创造教育或者创新教育什么的，又有什么用呢？一年年过去，我们一步步长大，久而久之，我们慢慢地被同化，也变得思维麻木了，我们好像从来也不觉得我们的童年阅读有什么缺陷。因为我们的心灵早已被这种伦理性阅读所浸润，我们的思考方式不自觉地就被纳入这种阅读所提供的思考方式之中。长大了，我们也以同样的方式去教育别人，代代相传，我们终于在这种伦理化的阅读中"年年岁岁花相似，岁岁年年人不同"。

其实，不同的人却也相同，一种样式，缺少个性和创造性，缺少创新的活力与后劲。既如此，对于我们的教育，除了反思应试的弊病，难道就没有别的需要反思吗？眼下正在如火如荼地进行课程改革，但愿我的担心是杞人忧天。

远离故事的教育

刘小枫在《沉重的肉身》中曾写下这样的片段：

> 他坐在破旧的窗台上，讲起了柯南·道尔的故事，故事中的惊险覆盖了我们心中的恐惧。接着，他讲了凡尔纳讲的奇妙的故事、雨果讲的令人感伤的故事、梅里美讲的让人痴想的故事。他叙述的时候，我们不再惊恐地四处张望，不再慌张地想要寻找蜡烛，甚至不再期待电灯重新亮起来。这个大孩子讲的别人讲的故事，像温暖的手臂搂抱着我们，陪伴我们被遗弃的、支离破碎的长夜。时间、若有若无的时间被叙述填满了。

我的童年也曾为故事所浸润，奶奶讲的信神的故事，村里福爹老人讲的民间传奇故事，桂保哥讲的三国水浒，兔哥讲的安徒生童话（我记得最清的是大克劳斯和小克劳斯的故事），连同冬夜的柴火、夏夜的星光、秋夜的清凉，都深深地印刻在我童年的记忆之中。有故事陪伴的童年，虽然贫穷，但不寂寞。童年的生命时光在故事的记忆中依稀存留，在回望中鲜活如旧，带给我绵绵不绝的生命的暖意。"叙述改变了人的存在时间和空间的感觉。当人们感觉自己的生命若有若无时，当一个人觉得自己的生活变得破碎不堪时，当我们的生活想象遭到挫折时，叙述让人重新找回自己的生命感觉，重返自己的生活想象的空间，甚至重新拾起被生活中的无常抹去的自我。"

不知什么时候开始，爷爷奶奶的故事慢慢地淡出了我们的生活空间，成年辈们开始忙碌于各自的事情，电视、玩具和没完没了的功课成了儿童生活的基本内容，口耳相授的故事在儿童成长中的作用渐渐消逝，个体的发展几乎是全然交付于学校，家庭教育也更多的只是作为学校教育的延伸，敦促他们的功课，或者强化、增补他们的有用的学习，不再担负有那种似乎没有多大用处的、经由代与代之间温情的故事来陪伴儿童生命的功能。与之相应，被科学整合的学校教育也更多地被组织成一个系统、有序、高效、规整的工作流程，按部就班地进行知识和能力的训练，并不负有从容、随意地讲述故事的功能，故事终于从鲜活的生命空间里一步步淡出。虽然在学生偷闲之际，在与书籍、报刊、网络的接触时，有故事可看，但"看"的故事少了些绘声绘色，不再丰盈，与鲜活的生命个体终究隔了一层，难以有效地敞开个体生命的时间与空间。

现代教育的发生发展，规模化的、高效的现代学校教育体制替代传统的个别教育形式，以系统知识授受为核心的班级授课制逐步替代了口耳相传的民间教育形式，专家组织起来的现代知识体系逐步替代了本土知识在个体人生教育中的位置。以应试为中心的教育模式，更强化了这种替代，本土知识以及作为这种知识之代表的年长者以及他们的生活经验这些在传统教育中十分重要的因素都被无情地边缘化，甚至被弃如敝屣。与此同时失落的是，故事在个体人生教育历程之中的失落。应该说，这种失落乃是必然的，顺应了现代教育发展的需要，我们也没有必要为这种失落唱过高的挽歌。问题在于，我们的"现代化"的教育形式是否全面承担起来了传统教育形式所负载的教育意蕴，还是留下了空白，从而造成了今天教育的某种缺失？

　　体制化的教育，在充分而有效地把个体引向对社会生活的适应，提升生命的品质的同时，也不断地规整着生命的存在形式，使之标准化，格式化。这往往使得鲜活旁逸的生命失去几分自然，率真，甚至可能使得繁杂的现代知识构架成为那些稚弱的心灵不可承受之重。在个体教育生活之中，只有规范的知识，只有标准答案，只有没完没了的习题和考卷，在冷冰冰地闪动，编织成个体肉身之上的沉重网结，教育因此而成了个体生命之上的不能不承受的硬壳。现代教育在提高其科学品格和效率的同时，失却的是那种抚慰个体独特的、其实原本孱弱的生命织体的温情。

　　知识和故事，其实是教育中两个并行的要素，一个让我们获得对世界与自我的认识，一个则凭借真实可感的生命之跌宕起伏来抚慰作为听者的我们的生命。何况，故事本身也传达某种知识的旨趣，让我们获得人生的启蒙。甚至长久以来，正是这种民间口耳相传的叙述方式，让无数不能进入正规经传教育的人们获得人生的基本意蕴。有血有肉的故事，不仅让我们真实地触及故事中主人公的生命脉络，而且故事叙述者的一声一色以及作为听者的我们的一惊一乍，还有伴随故事展开而摇曳的灯光，构成一个由多重生命脉络交织起来的整体的生命故事场域。我们自然地沉浸其中，像春笋迎接乍到的春雨，全方位地被触摸，被打动，不知不觉地孕育着、形塑着我们的生命样式。正是故事让我们生命与故事内外的人物紧密勾连，让羸弱的个体生命得以不断超越坚硬的技术性知识，在丰盈漫溢的生命故事之中拓展个体生命存在的可能空间，敞开我们生命的道路。

现代教育乃是凭借科学理性的滥觞步步演进而来，对系统知识的崇拜乃是贯穿其中的重要情结。系统、规范的知识对于现代教育无疑是重要的。那种试图消解现代知识在现代教育中的基础性地位、过多地渲染教育的情感化、体验化的设想，虽不乏几分浪漫，但只能更多地被视为一厢情愿。但不能回避的问题是，无论怎样完整的知识图景，对于真实的生命个体而言，总是破碎的，有限的，不完整的。

当我们置身纷繁的现代知识世界，除了感到知识的重要，我们还不自觉地会察觉人生的迷茫，难以把捉个体生命的脉络。面对成倍增值的知识世界，规范的、技术性的知识，毫无疑问是重要的，但这只是更多地体现了个体向外的需要，生命个体何以面对自身，把握自我生命发展的脉络，梳理生命之中的印痕？这是我们今天的教育无法回避，但又确实在回避的重要问题之一，心理健康教育、人文素质教育逐步提上了日程。但比之于年少时期的故事陪伴，这些又可能面临、或者说也正在被规范化、程序化、机械化的教育形式，总是少了些许通向个体生命幽暗之际的温情与感动。

大概是在1993年的《参考消息》上读到这样一篇文章，"现代电视不能代替祖母讲故事"。故事敞开我们的生命空间，孕育我们生命的记忆，陪伴我们生命的旅程。"没有叙事，生活伦理是晦暗的，生命的气息也是灰蒙蒙的。"没有故事的生活是寂寞的，没有故事的童年是暗淡的。远离了故事的教育，虽然华丽、翔实，但总让人觉得少了真实的血脉，而显得干枯。那么，在规范、高效的知识、能力训练之余，适当地留下一点自由、闲暇的时间和空间，让孩子们有可能更多地去亲近故事，触摸故事情景之中的生命脉络，给稚弱的生命织体以温情的陪伴，是不是也该成为现代教育的应有之义？

当美德成为故事

没有故事的世界是单调苍白的，没有美德故事可述可听的人类生活是不值得欲求的。当代美国著名教育专家威廉·贝内特精心编织的《美德书》，贝内特试图在理性主义现代性道德情结如此深重的道德文化中，"重叙美德的故事"，让孩子们在倾听美德故事的过程中，"逐步成熟起来，帮助他们早日走出摇篮、托儿所、幼儿园和学校，并自律地走向社会，走进公共世界"。讲故事几乎是人类早期文化精神生活的基本内容，是文明传递的基本形式。今天，当人们的生活一天天忙碌，当孩子们的生活越来越多地为电子游戏、为缺少生命意味的时髦玩具所替代，美德故事也不再是父母与儿童之间交流的必要内容，而由电视传媒替代人与人之间的故事生活，而我们的孩子们恰恰可能慢慢失去对美好道德的真情感受。

彭荣辉，一所名不见经传的小学的语文教师，因为偶然的机缘，在绞尽脑汁之余，寻出兼班主任之职时每日下午放学后十分钟的夕会时间，来作为自己努力的阵地，为孩子们满怀激情地苦心经营，终成"夕会故事"专题系列。

在其故事的温润之下，孩子们的表现超出了想象，正如作者所说：

> 当许多问题真正以故事的形式讲出来的时候，其成效却远远地超过了我的预想。你看，说了《勿以善小而不为，勿以恶小而为之》，第二天，我抽屉里的红领巾便完璧归赵了；说了《学会守时》之后，早晨迟到的现象也几乎没有了；说了《不要随意打断别人的话》，课上课下，也鲜见有同学随意打断别人的话了；有了《一秒钟＝两个星期》，同学们爱护公物的自觉性也有了明显的提高……更有甚者，渐渐地，孩子们自己也积极参与到了故事中来，如我一般，也成了一个个的演讲者了。至于故事本身对于孩子们的写作方面的较大影响，则是我后来才发觉到的。因为故事的潜意识里所渗透着的思想：留心周边真实的点点滴滴，你会发现：原来，生活常会因你的有心而变得美丽和精彩！于是，我说得多了，孩子们耳濡目染，竟也成了一个个有心的人，不但学会了观察和体味平凡的生活中的点点滴滴，而且还自发地将一些见闻以日记的形式整理出来，而成了写作的很好素材。于是，我发现，随着时间的推移，这故事的价值，显然已远远地超出了我的初衷，而不仅仅局限于让孩子们知道如何做人这么简单了。

在这里，美德故事改变的不仅仅是孩子们的品德，更是他们感受自己、他人与世界的方式；不仅仅是他们的面容，更是他们心灵世界的丰富与敏锐。不仅如此，在故事的讲述之中，彭荣辉们已经开始转变自己如何面对孩子的生命姿态，他们开始走出成人世界对儿童世界的耳提面命，真正弯下腰来，与孩子们平起平坐，平等对话的开始。由此，当美德成为故事，改变的不仅仅是孩子，更是我们自己！

美德故事的特点乃在于它牢牢地建立在儿童自身的体验之上，由此而表现出来的非强制性。这跟以魏书生为代表的那一代教育人对英雄、名言警句、规章纪律的强调为基本内容的德育方式有着迥然的不同。当彭荣辉们越来越多地执着于自己的探究，以贴近儿童、贴近时代的方式来求得教育实践品质的提升，他们让我们看到了教育的希望之所在。

讲述美德的故事

万俊人先生曾在《读书》(2001 年第 6 期)上撰文介绍当代美国著名教育专家威廉·贝内特精心编织的《美德书》，贝内特试图在理性主义现代性道德情结如此深重的道德文化中，"重叙美德的故事"，让孩子们在倾听美德故事的过程中，"逐步成熟起来，帮助他们早日走出摇篮、托儿所、幼儿园和学校，并自律地走向社会，走进公共世界"。讲述美德的故事，真的能有这么重要的意义吗？美德故事何以在孩子们的心中培育美好的道德情感？

确实如此。正如万俊人先生所说，美德故事也许不如道学家的"道德推理"来得严密、系统、深刻，但却能够比"道德推理"来得更加直截了当、更简明易懂、更亲切可心。比之于强理性设计的、以讲道理为主的规范伦理，以讲故事为主的叙事伦理以真实情境和人的或神的以及拟人的真实命运，或带有复杂伦理冲突的伦理境遇来吸引人、打动人、感染人，让我们在一种切身性的真实可感的伦理境遇中去把捉伦理的脉络，体会伦理与生命的深深纠缠，由此而发生与个体当下生命处境的真实关联，德行质素浸染人心，让个体生命自然地切入伦理叙事的纤纤脉络之中。

规范伦理一般具有对于个体的直接规范性和威权性控制，与之相比，叙事伦理对人的规范与控制是无力的，甚至是无意的——它无意于向你作某种神圣的道德宣教，它只是一心一意地叙述它的伦理故事经纬，它在意的乃是故事的完整性和故事深处的细微的生命痕迹，它在意的只是让故事成为故事，成为娓娓动人的叙述——正是因为它的无力和无意，叙事伦理才带着生命伦理的浅浅印痕走进说者与听者的生命空间，去唤起另一个生命世界之中的伦理冲撞，勾起另一个生命与伦理的血肉相连。

比之于规范伦理的宏大，优美的叙事伦理更细微。叙事伦理无意于展示整个世界、人生的道德蓝图，它关心的是当下，此时此刻的一个一个的人、神、物，他们的命运，他们的生命际遇中的伦理纠葛，此时此地的冲撞、和解、决断。它展示的不是伦理世界的金钥匙，而是一把钥匙添一把锁，甚至一把钥匙也没有，它展示的可能就是恒在的伦理困惑。它找不到答案，无力于寻求答案，它甚至主动地承认自无力。它的无力展示的是人类诸多道德困惑的无奈。它不承诺伦理问题的标准答案，它只是展示问题，展示人的伦理际遇，展示当下境遇中真实的伦理纠缠。

叙事伦理不是"抽象"的伦理，不是从"生活世界"中"抽象"几个伦理判断、命题，不是关于人类、群体的生活应当如此这般的普遍性规范，它就是复杂、细致的伦理生活本身，它关心的是此时此刻一个、一个的人与物的伦理境遇。叙事伦理跟个人生活世界的切近性，这是它打动人心的重要原因。听者只是在一种生活之中去眺望另一种生活，另一个人（或者神）的生活，"说－听"的过程乃是两个生活世界之间的对话、交流、融合的过程，是生活的共契带来伦理情结的相互纠缠。优美的叙事的伦理是让人去体验、感受、关切于一种真实的伦理境遇，而不是如规范的伦理让人被动地"接受"道德规范。一个人可能会不顾及强势的规范伦理宣称，甚至有时会反感，但人却无法拒绝在真实的伦理冲撞中纤纤的伦理脉络跟个体当下生命的真实勾连，无法拒绝美丽动人的美德故事对个体生命世界的沐浴。

讲故事几乎是人类早期文化精神生活的基本内容，是文明传递的基本形式。每个时代，每个民族，都可能会有自己的伦理故事经典。在我们的文化传统中，叙事的伦理对社会生活的伦理建构实际上是至关重要的，甚至还有意识地被强化，比如二十四孝的伦理故事，比如节妇烈女的伦理故事。革命时代也有经典的伦理叙事，比如白毛女的故事，曾经感染多少人对敌人的满腔仇恨。直到现代，我们的生活空间里，雷锋的故事、焦裕禄的故事、保尔的故事，等等，都曾是我们的伦理榜样。如今，当人们的生活一天天忙碌，当孩子们的生活越来越多地为电子游戏、为缺少生命意味的时髦玩具所替代，美德故事也不再是父母与儿童之间交流的必要内容，而由电视传媒替代人与人之间的故事生活，而我们的孩子们恰恰可能慢慢失去对美好道德的真情感受。

"没有故事的世界是单调苍白的，没有美德故事可述可听的人类生活是不值得欲求的。"也许，讲述美德故事，不仅是对我们的孩子们的道德感受力的培育依然十分重要，而且对于我们的生活，对于两代人之间的交流，对于家庭生活的幸福，对于学校生活的充实，还有着难以替代的作用。讲述美德故事，张扬叙事伦理，改善我们日渐贫瘠的道德生活，这难道不足以我们今日教育的任务之一？当然，关注叙事的伦理，这决不意味着我们又可以简单地把过去的美德故事一一拾来，充当我们今天孩子们的精神食粮。选择怎样的美德故事，这是以叙事伦理改善我们的道德生活的首要内容。正是基于此，我们才能发现贝内特的良苦用心。

当贝内特精心编织美德故事的时候，他还想到了另一个问题。在贝内特看来，作为使人"心智向善"的"伟大工作"，道德教育并不仅仅是针对孩子们的，而首先是针对成人的，因为"要想培养孩子严肃的道德感，周围的成人必须表现出严肃的道德感。孩子们必须要会用自己的眼睛看到成年人严肃的道德感"。他编写《美德书》的目的是为了孩子，同时也是为了现代的成人。这和19世纪的安徒生决心写《讲给孩子们听的故事》的时候的想法几乎一样，他曾这样对一位朋友说过："我用我的一切感情和思想写童话，但是我也没有忘记成年人。当我在为孩子们写一篇故事的时候，我永远记住他们的父亲和母亲也会在旁边听。因此我也得给他们写点东西，让他们想想。"安徒生包含着人类真、善、美、爱的理想的童话故事，不仅是陪伴儿童生活的不朽经典，同时也足以让成人们听了一生萦怀。由此看来，给孩子们美丽动人的美德故事，并不仅是讲给孩子们听，而且，首先就是讲给我们成人自身。讲述和倾听优美的美德故事，实际上都是一件多么崇高的工作！

罂粟花、罪恶与拯救

　　我因为经常睡不好、起来浑身乏力的缘故，很久没有早上去爬山了。昨晚睡得稍微好点，不到七点就起床了，想着该去爬爬山，正好欣赏一下满山的翠绿。

　　从老校区门口走过去，空气新鲜，身心舒畅。无意中看到旁边有块宣传标语，上面写着"罂粟花是罪恶之源"，转眼一想，感觉这句话有些问题。罂粟不过是世间一种普通的植物而已，它怎么就成了罪恶之源了？当然，在看得见的事实层面，是罂粟花提炼出来的毒品让人牟利、让人致命，但问题在于，作为地球上一个普通的物种，它哪里主动惹人了？如果不是有人利欲熏心，有人寻求刺激，罂粟最毒也不至于成为社会的公害。可见，罪恶之源显然不在罂粟本身，而在人心，在张灏先生所说的幽暗的人心，是人心中的幽暗意识促成了罂粟花行走在人世间的罪恶。生长在大地之上的罂粟花是无所谓善恶的，但生长在人们心中的罂粟花就有了善与恶的分别了。

　　一路上来，心里老在琢磨着罂粟花是罪恶之源的事情。好在满眼的春光实在迷人，特别是进入共青园，那种难以形容的葱绿简直让人沉醉。

　　爬上 73 军抗日阵亡烈士纪念碑下面的小路，往右边走，碰见一对六十上下的夫妻，彼此相依，款款走来。男的唱起了新疆民歌，好像是阿拉木罕，女的随即跟着一起唱。两个人彼此应答，好一曲林间优美的二重唱。一听就知道两人乃是行家出身，音乐素养不错的。忽然想起经常在婚礼新房上常写的"琴瑟和鸣",这里似乎是一个很好的注解。

走了一阵,我随即下山。忽然想起,这莫不是上天给我的启示?如果说罂粟乃是行走在人世间的事实上的罪恶,那么拯救之道难道不是人心,不是人心中的爱?恶也在此,善也在此。爱,让人与人之间彼此依恋,去对抗生命之中的幽暗,让每个人从各人自我人心的囚禁中走出,走向他人,走向彼此的关爱,我们各自的孤立无援就转化成了彼此的相亲相爱,突破利欲熏心的围裹也会有了希望。

拯救之道,自在人心。

重申日常生活的教育意义

一个人的教养不仅仅来自正规的教育,来自经典阅读,同样可能来自日常生活,来自日常生活中若隐若现的习俗与传统。日常生活中的习俗与传统构成一个人教养性的基础,失去了日常生活对个人生命世界的呵护,恰恰可能导致教养性根基的破碎。而一个在经典历练中获得的教养性越充分的人,越能理解日常生活的价值。尊重日常生活本身的教化功能,保护日常生活的基础性,这实际上乃是人的自由发展得以可能的重要基础。

我们今天是一个年轻人的时代,是一个鼓励创新的时代。年轻人与创新的结合意味着年长者及其所代表的习俗传统已经逐渐地在我们的社会中边缘化。以新为诉求,年轻人的生活世界更倾向自我建构,而不是承续惯习,这意味着年轻人越来越多地具有对日常生活样式的反叛性。适度的反叛性当然有利于年轻人的创造个性的生长，使他们保持对日常生活世界的必要的张力。但不加分别的反叛将导致他们失去日常生活作为教养性的基本资源。他们什么也不相信，只相信自己的判断。殊不知对自己判断的相信，往往容易导致轻信，这正如同对传统和习俗的轻信一样，不同的是，传统和习俗毕竟经历了无数人和更多时间的沉淀，而来自个人的武断和轻信，带来的是个人的自我封闭和过度自负。

就我们当下的社会而言，其实鼓励年轻人的创新意识是不够的，是需要进一步强化的，关键在于，我们究竟鼓励他们以何种姿态来革新去旧。实际上真正的创新领域乃是公共生活领域，即个人何以立足于时代和社会，拥有大胸怀和大智慧，别开生面，促进社会的繁荣与进步。这里指涉的乃是公共生活，或者直接的就是公民生活领域，也就是如何做好公民，我们的时代需要拥有创新品质的好公民。

作为好公民，同样需要日常生活的呵护，借以获得完整而细微的教养，使个体首先成为好人。如果说成为好公民更多地需要的是开放、创新，甚至必要的叛逆，那么成为好人则显然需要适度的保守，理解传统，尊重习俗，积极谋求与年长一代的对话沟通，以获得个人生命世界的细致入微的滋养。这乃是教育之保守性的重要根源。最可悲的是，在日常生活世界中处处追求自我中心、叛逆、缺少必要的尊重和敬畏，而一旦进入公共生活，却反而唯唯诺诺，毫无个性，眼高手低，既无创造的能力，也没有实践的精神。这恰恰是我们当下教育需要十分警惕的。

今天，我们的孩子更多地沉迷在电视、网络等大众传媒所建构起来的虚浮的文化世界中，他们越来越多地失去了对日常生活的感知力，也失去了对日常生活中的各种生存理念的认知，导致生命空间失去了来自日常生活诸种资源的妥帖呵护，这或许是当下青少年各种心理问题出现的重要原因之一。重申日常生活的教养性意义，乃是当下越来越多地从日常生活世界中分离出来的教育形式必须面对的重要主题。

第四辑　走向人对人的理解

我们怎样"思考"与"说话"

王晓明的《"横站"的命运》(《读书》2001 年第 5 期)一文，反复读之，使人胸臆怵然。"今天的社会黑暗的很大一部分力量，正来自我们头脑中的那些简单机械的思维习惯，来自我们对'现代化'之类的空洞名目的崇拜和迷信。旧的桎梏还未崩溃，新的专制已经登场；旧式愚民的数量依然庞大，新'愚民'的群落却已初具规模。"一百多年来，为什么我们总是从一个极端跳到另一个极端，从一个苦难陷到另一个苦难？我们所承受的苦难实在太多，但太多的苦难却并没有让我们学会成熟的思考，我们太习惯于"听从"，听从权威，听从潮流，听从时尚，要么就听从"感觉"。也许，我们到今天都还远没有学会真正的思考，自由、独立、清明的思考，我们的思想要么跪着，要么翘到了天上，我们的思想总难以心平气静地沉浸于我们周遭的世界。正因为如此，我们也总免不了被愚弄或者愚弄他人的命运，我们在受伤害的同时，又以牙还牙，不知不觉地施害于他人，"愚民"的烙印始终难以抹平。

我们习惯于走极端，不是好就是坏，这样不行那样准行，非此即彼，贴标签．我们习惯于也长于"革命""斗争""砸碎""破除""推倒重来"（所以我们历史虽久但"拥有"的历史资源却十分有限，乃至"无"历史），习惯于"重建""重构"（这是当今学界的流行语）。我们中也有不少人乐此不疲地拿着"主体性""现代化""发展""现代""后现代"当利剑横使。实际上，我们先在性地截断了对问题质的复杂性、缜密性的深层把握，我们几乎是在用"革命"的心态和思维模式来思考我们所面临的问题，何来清明之识？这或许是我们的学术尤其是教育学术品格不高的重要原因。

西方学术之所以流派纷呈，因为每家学术都能意识到自己的局限性，而不唯我独尊，不设想一劳永逸地给问题设定标准答案（当然也不乏思想迫害、排除异己的例子），作为后来者所追求的只是不断地超越、创造。而我们的学术中，则有着太多的说教者，太多的真理传言人，太多的义愤之士，太多的"铁肩"担"道义"者，恰恰缺少的是学术理论的内在追寻和深层开拓，我们因而也缺少了真正的学术派别。我们不习惯于听"别样的声音"，也听不见"别样的声音"，我们心中总是充满了太多的"慷慨""激昂""道义""豪情"，我们的"慷慨激昂"掩盖了那些微弱的声音，浪漫激情和响亮口号代替了我们理智的澄明与心智的洞悉，我们的理智不可避免地陷于盲目和单一。

是否可以设想某种哪怕是上佳的、单一的思路就可以"搞定"所有问题，就好像是否可以设想单凭某种模式的建构就可以完满地解决社会的所有问题一样？也许，单一的思想传输，一种声音，对于社会，对于个人，都是危险的。惟其如此，我们才需要大家的声音，需要"对话""杂语"（巴赫金），"三个臭皮匠，赛过诸葛亮"，需要多种声音，需要宽容、尊重，尊重异己，哪怕是敌对之人——尊重他人就是尊重我们自己。如果以此标准而论，近现代以来，不管是改良、革命，还是改革，不管是保守，还是激进，我们究竟在现代化的路途上走出了多远，是否完全跃出了封建的阴霾，是否真的有了适合时代的属于我们自己的思想理路，还需要认真检审。

走向"人对人的理解"

　　鲁洁老师的《人对人的理解——道德教育的基础》(《教育研究》2000 年第 7 期)一文中，提出了一个十分有意义的问题，文章从哲学与历史的高度深刻地论述了基于人对人理解的道德教育的理念，切中时弊，发人深省。在此，我想再"接"着鲁老师的话题往下"说"。道德教育以人对人的理解为基础，但正如没有抽象的"人"一样，也不存在抽象的"理解"；人是历史与现实中的人，理解同样是历史与现实之中的理解，人和人的理解都具有历史性、文化性。谈论人对人的理解，不能止于一般性地、抽象地谈论人与人的理解，我们所谈论的人对人的理解乃是一定现实－历史文化语境之中的实实在在的个体之间的相互理解。"我们谈论人对人的理解"这一命题的更贴近的提法（主要地）就是在中国的历史与现实的境遇中谈论"中国人"对"中国人"的理解，这意味着我们谈论人对人的理解，还应该深深地切入对中国人的实际存在境遇与质地的关切，从社会文化—心理层面去理解作为中国人的"人与人的理解"如何可能。这或许就是黑格尔所说我们的主观理性与现实之理性的"和解"。所以，我要接着说的问题就是，置身于我们自身的现实－历史文化语境之中的人对人的理解如何可能？

　　人对人的理解包含的理念主要有两个：一是道德教育应是"人"对"人"的教育，不是"人"对"物"，即把教育者自身设定为整全的人格，而把受教育者视为被改造的"对象"，把教育者对象化、客体化，"物化"即把受教育者当作"物"那般加工与改造的对象，也不是"物"对"物"，即把教育者自身也视为无个体性思想、灵魂、情感、人格的说教的工具，处处把自身设定为道德教化的威权之所在，道德教育不是基于威权者对受教的客体的单纯的灌输，而是把道德教化的双方都视为平等的、活生生的、生成之中的真实个体性的存在，都是独立的个体，都拥有同等的价值与尊严，道德教育是基于教化双方独立而完整的人格之上的交流，双方都有独立的人格和自由的思想空间。这意味着道德教育的属人性、平等性。二是道德教育应是人对人的"理解"，而不是人对人的灌输，不是一方挥舞着教化的威权，另一方恂恂然俯首听命，也不是只求一方对另一方理解，即作为受教化者的一方对教化者的理解，而是双方的、相互的理解，是作为具有同等价值与尊严的个体之间的交往与对话。这意味着道德教育的平等、对话性。

　　对于素有道义担当者的教化者身份传统的我们而言，我们的道德教育实践中恰恰缺少人与人之间的价值平等，教育者总是先行设定为人格的优越者，理直气壮地面对学生，施以其想象中的道德意图。当我们习惯的姿态乃是道德真理拥有者当我们一心怀抱着拯救他人为使命时，我们可能去理解我们面前的受教者吗？与此同时，我们把受教者视为我们必须去"塑造""改造""重造"的对象。当我们居高临下站在学生面前，我们有可能去理解对方吗？

　　在我们的文化传统观念中，还有一个重要的情结，那就是我们对孙悟空的五体投地与对白骨精的恨之入骨。在我们视界中，孙悟空恐怕是没有必要去"理解"白骨精的。这里的问题实际上涉及理解者对被理解者之间的身份认同，如果对方在理解者的"视界"中被先行设定为人中的"另类""不可救药""敌人""坏蛋"，与此相伴的必然是人与人之间的理解同样的先行缺席。恰恰在我们的文化传统中，白骨精是不需要也不应该被理解的，尽管她的意向中并没有吃唐僧，甚至不乏与唐僧修千年之好的梦想。当我们把人与人分成"好人"与"坏人"，而且"好人"与"坏人"之间的界限泾渭分明的时候，对"坏人"的理解就成了对"好人"们的背叛。这意味着人与人之间的理解只能是基于人与人之间的平等身份设定，消解先行身份预置，尽管现实中的个人之间存在着道德水平的差异，但只要是人，拥有做人的基本权利，我们就充分尊重其作为人的基本权利，在此基础上去理解人。真正的道德教育只有基于此之上才可能实现理解型的道德教育。这对于走向公民社会、法治社会的我们而言，意识到这一点乃是至关重要的。

人对人的理解还意味着"设身处地"，"将心比心"，即"用自己的愿望、追求、价值来把握他人"，"以他人的期望、追求、价值来把握自己、规范自己"，调动"全部人格因素""全部生活经验"，实际上，这意味着任何道德教育活动都必然地以个体完整生命存在域限为基础，也就是以个体完整的生活经验为基础；意味着优良的道德教育活动总是能够珍视这种基础，把它们充分"调动起来"。只有以个体真实生活经验为基础并且珍视这种基础的道德教育才可能不是对个体生活进行灌输的道德教育。这意味着道德教育的生活性。

我们的道德教育传统乃是以道德价值与相应规范的绝对化，以及与之匹配的道德教育内容的经典化为核心，具体说来，就是以"三纲五常"为价值规范核心、以四书五经为基本教育内容的教化体系。进入现代以来，传统教化体系解体，但在很长时期内，我们又重新树立起了新的绝对化的道德价值规范与经典化的道德教育内容，忽视个体的实际生活，个体置身教育情景之中，所需要的只是听话，听毛主席的话，听生活中的"重要他人"的话，而不是表达自己的生活境遇与生活意愿，以求得教育双方的相互理解。这意味着，在今天，没有对道德教育价值理念的绝对性的适当消解与悬置，就不可能有可能生活境遇的凸显，也不可能有对个体实际生存状况的深入理解。

人对人的理解，意味着都把双方摆在人的地位之上，"人既不是野兽，也不是天使"，这意味着教化双方的相互宽容，意味着承认个体道德上的有限性，从而以充分的宽容与信任去激励个体追求自我道德人格的完善，但又不会因为自我现实人格的欠缺而自惭形秽，在能意识到自身的欠缺的同时又能以积极的心态去努力完善自我人格。人对人的理解，不是神对人的理解，更不是人对神的理解。这意味着道德教育的宽容性，从功能而言之，乃是道德教育的有限性，道德教育不是万能的，万能的道德教育是十分可怕的。

恰恰我们的道德教育传统有着浓郁的道德理想主义色彩。以儒家思想为代表的道德理想主义教化传统，把道德泛化，并上升到社会事功，所谓"修身齐家治国平天下"；把道德实体化、人生化，使道德成为个体人生的唯一依据，也使得社会给出的伦理价值标准成为裁决个体人生实践的唯一依凭，所谓"学者须是革尽人欲，复尽天理，方始是学"（朱熹）；把道德价值标准绝对化，所谓"三纲五常"；知识人倾向于把个人自视为道德真理与道德价值的拥有者与代言人，"以一己之心为万民之心，以个体生命承担整个社会和历史的命运"（刘小枫），所谓"为天地立心，为生民立命，为往圣继绝学，为万世开太平"；把价值上的"应该"等同于现实中的"必然"，"所谓天理，复是何物？仁义礼智，岂不是天理！君臣、父子、兄弟、夫妇、朋友，岂不是天理"（朱熹）；对个体道德属性充满幻想，"人皆可以为尧舜，此心此道，与尧舜不异"，忽视个体道德生存的社会基础。"他们基本不愿意考虑现实世界的各种因素，也不愿意考虑实际的个人情感，非常极端地把'道'作为普遍真理绝对化，把'性'当作基本人性而否定

'情'，把儒学当作思想世界的唯一真理而排斥一切异端，把'社会秩序'当作唯一优先而且至高无上的合理性否定其他任何政治选择的合理性"，"将一种类似'乌托邦'的理想化思想，当作普遍适用的思想"（葛兆光）。尽管我们在进入现代社会以来，传统道德教育体系已不复存在，但道德理想主义的教育品质依然存留，并以新的形式展现出来，把道德泛化，以德代法，把人性理想化，人为地设定高蹈的教育理想等，这在我们今天的道德教育实践中还经常可见。

对于今天的我们而言，反思道德理想主义，养成一种对社会发展、对历史目的、对道德理想、对个体的冷静、辨证的思维方式，承认人、世界的不完善性，实实在在地关切个体作为现代性国民的基本道德品质的生成，关切个体在现实生活中的正当权利、利益，提升全体国民的社会责任感和对社会的义务，不以德代法，发育现代公民道德品质生长生成的社会－文化－心理空间，实实在在地重视个体的正当意愿，重视个性的自由、独立、平等，培育、发挥个体的自主性、创造性于实际的社会生活之中，使个体不再只是某种驯服的工具和被动的螺丝钉，并彻底消解传统在此方面的强大惰性，在今天比在近代任何时期更加重要。惟其如此，我们的道德教育才真正可能成为人与人之间的相互理解，才可能成为人对人的教育，立足于现代性之上的人对人的教育。

爱的节制与审慎主体性的培养

我们常说不能溺爱，但生活中却有着太多的溺爱、盲目的爱。溺爱的关键是什么？溺爱到底有什么问题？溺爱表现上是全心全意地爱对方，但其实却是以爱者为中心，更多的是满足施爱者个人的意志，表明其是个能爱的存在，或者说向世界证明其能爱，并不是从受爱者的主体需要出发，这种无节制的爱导致对受爱者主体意志的淹没。说白了，溺爱就是一种典型的占用性的爱，表达的是施爱者的主体意志，目的是占有，改变或控制受爱者。

这种爱类型在中国父母对于子女的爱的表达是很典型的方式。父母对于子女的爱是没有节制，什么事情都要包办。表面上是种爱，其实是淹没儿女们的主体意识。子女身上出现的任性、过于娇气等品质，乃是因为缺少一种清明的理智，而清明理智的欠缺正来源于父母无节制的爱。

可见，爱不是一个简单的词，并不是有了爱就是一切，就好比自由，"自由啊，多少罪恶假汝之名"（卢森堡）。爱也一样，这个世界上有多少"害"是打着"爱"的名义。

古希腊的节制其实很有意义，与审慎很有必要的联系一起。节制意味着一定的秩序、规律来调节行动的方式。圣经有句话讲得好，要做世上的光，但更要做世上的盐。做光要把灯光放在亮的地方，要能够照的更远。当然我们现在做光的很多，做盐的却很少。做盐，意味着你在爱他，但是你的爱没有成为他的累，而是默默地滋润他的心灵的世界。从施教者而言，真正教育的理想境界，就是我们无时无刻不在对受教者发生影响，促进他的健全发展，但我们又要让他没有感觉到施教者的痕迹，就好像他在自然发展一样。

我们通常说要促进儿童主体性的发展，儿童主体性的发展当然十分重要，是教育的基本目标。关键在于，我们需要什么样的主体性，决不能把主体性和儿童的主体意志等同起来。主体性本身是生成的，是面向未来的，是开放的；而主体意志是现存的、实存的。健全的主体性，恰恰是要适当地节制儿童的主体意志。在这个意义上而言，教育真正的目标指向乃是儿童健全的主体性，这种健全的主体性其恰恰内含着儿童的主体意志的节制，或者说培养儿童健全的主体性实际上是培养审慎的、节制的主体性。但现实中，我们往往把发挥儿童主体性等同于放任儿童意志的展现，这其实是对主体性的误解。

儿童健全的主体性从何而来？唯有教育者拥有节制的主体性才有可能促进儿童节制主体性的生成。相反，一旦成人世界作为施教者的主体意志的膨胀，必然导致儿童健全心智生长的空间受到阻碍，而潜在地发展的正是他们个人主体意志的盲目膨胀。所谓种瓜得瓜，种豆得豆。我们需要一种健全的教育文化，这种文化首先从成人世界作为施教与施爱者的主体意志的节制出发，逐渐开启儿童世界的健全的主体性，引导他们的个人意志节制地展开，而给盲目释放，培育儿童健全个性的成长。

长者的愤怒、宽容及其他

2002年暑假的一天，我去一所师范学校讲课。他们约请我讲讲当前道德教育的问题，我自以为对道德教育还算有几分思考，凭着自己平时积累起来的各种资料、事例和对当前道德教育问题的几分"独到"的理解，"头头是道"地讲了两小时，自我感觉"良好"。我便问听讲的老师还需要我讲点什么，这个时候，一件意想不到的事情发生了，坐在第二排的一位头发有些发白了的老师突然站起来，大声地说："不要讲了！滚出去！你讲些什么？雷锋也不要学了？道德教育也不要搞了？我坐在这里已经忍无可忍了，国家培养你干啥？你这样的人怎么能拿××学位？大家都走！不要听了。滚出去。"大声说话的同时，好像是接连拍了几下桌子。出了这样的事情，大家也都愣住了。等缓过神来，我连忙跟那位老教师解释："老人家，您可能误解了。我并没有讲不要学雷锋，更没有说不要道德教育。"愤怒中的长者根本就不听我的任何解释，还是一遍又一遍地喊大家走，然后自己从中间愤愤然擦身而出。我记得很清楚，他转过身走出去，最后说的一句话是："我不相信正义就战胜不了邪恶。"

我的讲课怎么会让那位长者如此伤心？"伤"的什么"心"的呢？"伤"他的"心"其实"伤"的是他心中固有的道德观和道德教育观。他心中的道德及其教育观念的核心，似乎就是要把每个人都培养成像雷锋一样的道德高尚的人，要张扬一种纯粹的、高要求的、以社会为唯一价值本位的伦理标准。这种价值标准在传统社会中是"修身、齐家、治国、平天下",是"为天地立心,为生民立命,为往圣继绝学,为万世开太平",在 20 世纪后半叶中国社会的大多数语境里则是"毫不利己,专门利人"。作为被这种价值理念所浸染的长者,自觉不自觉地就成了这种伦理价值的发自内心的担当者和坚定的维护者,并理所当然地视这种行为不只是具有毋庸置疑的合法性,而且自具几分神圣。

我由此而隐约揣测,大约有这么几个地方伤了那位长者的心,一是我提出在我们的社会中,由于理性精神的长期匮乏,当代道德教育的核心应是个体的理性自觉,我引用了雷锋的例子,说明其中的优良道德行为却蕴含着某种理性自觉的欠缺;二是我主张道德教育不是万能的,我们在道德教育中应该有所为,有所不为,事实上我们不可能把每一个学生都培养成为道德高尚的人,在当代社会中应突出规则意识,突出道德的底线,实实在在培养学生的对正义、正当的理解,堂堂正正做人,而不是以过高的道德目标来规范学生。尽管我出言还算比较谨慎,但在这位应该是"好心"的长者看来,我质疑雷锋道德行为中的局限性,那肯定就是不要学雷锋;我主张从最基本的价值做起,那就是不要道德教育了。如此出言"不恭",这在其高蹈的道德理想守护中,自然应该早已"是可忍,孰不可忍"了。

可是,即使年轻人说话可能偏离他心中的理想,为什么作为长者的他(们)就不能多一点宽容呢?何以"伤心"会导致如此的愤怒?至少,在他的世界中,他的愤怒不仅有情有理,而且简直有几分慷慨和激昂。

这不由让我想起了雷锋同志的一段座右铭："对待同志要像春天般的温暖，对待工作要像夏天一样火热，对待个人主义要像秋风扫落叶一样，对待敌人要像严冬一样残酷无情。"也许，就那位长者而言，正是因为有了一种理想主义的道德蓝图在心中，他就有了甄别善恶、美丑、高下的不二法门，善与恶、善人与恶人是清清楚楚、明明白白的，就像黑和白，就像"$1+1=2$"。在他们的视界里，善与恶是彼此不相容的、针锋相对的，非此即彼，非善即恶。在他们的视界里，爱要无条件，就好像恨要无条件一样。此时此刻，作为对传统道德及教育方式表示几分质疑的时候，我自然而然地就成了那位长者眼中的"敌人"，成了秋风扫落、严冬惩罚的对象。既然如此，还有什么"愤怒"不能"理直气壮"地表达出来呢？

曾几何时，我们反复被灌输的伦理理念是立场要坚定，爱憎要分明。我们习惯于疾恶如仇，当然是依凭我们心中的尺度去圈定我们严重的恶。我们习惯于把人分成"同志""敌人"。"志同"则"道合"，"道合"则一切好商量。"道不同，不相谋"，不仅不相谋，一旦某些人被视为敌对分子，视为人中的另类，接下来的事情那就是看我们的心情。我们心中有着一腔"正气""阶级仇恨""革命激情"，"正义"就在我们心中，难道我们还不能想做什么就做什么吗？难道"革命"就不需要一点代价吗？对待敌对分子还需要同情、宽容吗？不制造一点流血那叫"革命"吗？不毫无顾忌地站出来，那叫作坚持"正义"吗？

我几次想和那位长者交流对话，但盛怒之中的长者丝毫就没有对话的意向。为什么我们之间的对话如此艰难？我们真的上水火不相容吗？在 21 世纪的今天，作为知识人，积极关注社会正义，关注社会伦理价值的建构，这是十分重要的，简直就是现代公共知识分子的基本存在方式。问题在于，我们关注的是什么样的"正义"，什么样的社会伦理价值体系，是个人想当然的唯一正确的伦理与"正义"，还是基于社会成员共识之上的伦理与正义。

当代思想大师米歇尔·福柯在与德勒兹(G. Deleuze)一次题为"知识分子与权力"的对话中曾指出，知识分子在以往的形象主要就是"为别人说话"，"知识分子向那些还没有看到真理的人说出真理"，因此，"知识分子就是良心、就是意识、就是辩护人"。到今天，知识分子们突然发现，第一，大众已不需要他来为他们说话；第二，他们更察觉，所谓"权力体系"并不只是检查制度那种看得见的淫威，而是一种深层得多且已渗透整个社会网络的系统，更令人惊讶的是，"知识分子们本身就是这种权力体系的代理人"，知识分子们那种以"良心""意识"自居的责任观念及其言谈思考方式本身就"构成了这种权力体系的组成部分"，因此，今日"知识分子的角色已不再是把自己置于'多少高人一等的超然地位'以便说出被窒息了的集体真理"，而是要对知识分子及其所拥有的"知识"本身已不知不觉成为其组成部分的这种"权力体系"进行认真的分析，尤其要对知识分子自己已习以为常的言谈方式进行分析。

当知识人以社会道义担当者的身份出现，自视拥有道德上的真和自觉维护我们心中的社会道义的权力和资格，我们理所当然地要维护我们所珍爱的、唯一正确的价值观、道德规范和伦理资源，从消极的一面表现为拒绝他人的质疑，也包括自我的反思，还要从积极的一面去阐扬自我，并揭示、批判、规范他人所践行的不同的价值观、道德规范和伦理资源，这意味着教化活动中对话的不可能。由于我们坚信我们所拥有的价值观、道德规范、伦理资源的唯一正确与正当性，我们不可能从内心上去尊重他人的价值观、道德规范、伦理资源，我们在教化中所倚重的乃是我们之作为社会道义担当者身份所自觉拥有的教化权力，这意味着为道德担当所充斥的教化实践必然缺少尊重、宽容、信任的品质。教化者的话语由于自觉其社会道义担当而自然地以慷慨激昂来传达其拥有的"正义"，他们不需要更多地倾听、理解他们所不能见容的他人话语，我们的话语的正义担当常会轻易地掩盖他人话语的权利。只要心中有"理"，就可以凭着捍卫心中的神圣的"理"的名义而忽视他人的话语权利，或者说，我们的心中或许根本就没有话语权利的概念。

这样说来，我们今天在教化中的反思乃是双重的，一方面是对我们所珍爱的价值观、道德规范、伦理资源的反思，更重要的是对我们所施以的教化方式本身的反思，即我们是否可以在教化中为了心中某种神圣的理念而拒绝倾听、无所顾忌。作为社会知识人，努力充当社会的良知，维护社会正义，积极承担社会责任，这是现代知识人的基本伦理品格。与此同时，我们必须反思我们身份的局限和我们行动的基本规则，作为社会正义的倡导者，自身应该是适合正义的积极体现者。事实是，我们常常以为心中有了正义就有了一切，有了正义的意图就有了随意行动的权利，不知不觉地我们就以社会正义者的身份践踏社会正义本身，以正义的名义侵犯正义，"恨铁不成钢"，那种疾恶如仇的怨恨情节时常会扭曲我们的行为，使我们忘却了我们维护正义行动本身的合法性、正当性，践踏正义与维护正义常伴常随。

17世纪的孟德斯鸠如是说，我可以反对他人说的话，但我誓死捍卫他人说话的权利。对于21世纪的我们而言，或许，建立正义的规则要远比建立正义本身更为重要。有了正义的规则，社会就有了对话的平台，各种立场、各种观点都有了充分表达的权利，各种立场与观点的冲突、对话、融合一方面可以极大地拓宽社会的智识视野，从而为社会行动提供尽可能充分的依据，另一方面可以大大提高个体的心智水平，提高社会正义"共识"的可能性，正义并不是某个人的简单规定，正义乃是基于共识。正因为如此，有了正义的规则，才会有正义共识的可能，形式正义是实质正义的保障和条件，没有形式正义做保障，实质正义只能是暂时的，甚至只能是少数人的正义。对于知识人而言，维护"道义"的规则远比维护我们心中的"道义"更为重要。

那位长者之后，我说了一句："我相信××学校是一个能说话的地方。"台下顿时响起了热烈的掌声。那掌声激励我进一步思考——当然，也应该包括对我自己现成看法的必要的否思。

敞开通向他人生命世界的那一扇窗口

云南大学"2·23"重大杀人案件犯罪嫌疑人马加爵被逮捕，审讯中马加爵表露出来的杀人动机竟是：想融入同学中却时常遭到嘲笑，使他自己感到自己是个失败者，是个小丑。据马加爵3月17日晚交代，他感觉自己在云大太失败了。从大二开始，他越来越感到自己在同学的眼中是个小丑。马加爵在审讯中说，他来自一个贫困的家庭，自己的生活一向很节俭，但有不少同学却因此嘲笑他。他一直认为云大不容纳他，在云大他是个孤独的人，他非常希望同学把他当朋友，而事实并非如此。"有同学把自己的事情告诉我，我都能守口如瓶，而我的隐私告诉他们时，他们都会当作笑话向外传播"，"我好像一直是裸露着的人，别人都在嘲笑我。"据警方证实：随着审讯的一次次推进，马加爵开始很明显地流露出对生命的渴望和对死亡的恐惧。他说他现在非常想念他的家人，想尽快见到他们。"审讯过程中，马加爵精力极不集中，偶尔流露出对抗情绪。有时说着说着脑子就会抛锚，思维就会断链，他经常会大口大口地喘气，尤其是提到家人，马加爵会禁不住泪流满面。"

马加爵事件的出现，可能会让许多人都感到大学生，特别是贫困大学生心理健康是一个亟须关注的问题。正好3月22日的《长沙晚报》上"'会诊'马加爵"专栏，编者按中就明确写道："马加爵思想极不健康，长期上网浏览各种暴力、色情、恐怖的图片和信息，且心理极度不平衡，最终走向极端。"随着马加爵的落网，其作案动机和心理成为媒体关注的焦点。但问题在于，心理健康固然值得关注，马加爵事件中心理不健康却并不是原因，而是结果，或者说就是其心理不健康的表达形式。如果我们把马加爵事件缩减为心理健康问题，那实际上会阻隔我们对深层问题的体认。没有一个人是天生的罪人，我这样说绝不是为马加爵推卸责任，而是当事情已成定局，我们所要做的或许不单是将犯罪嫌疑人绳之以法，追求其作为一个纯属个人的偶然事件的来龙去脉，而且更重要的是，我们是否应该把这一个人性的、偶然性的事件看成是社会性的，是跟我们每个人都切身相关的事件呢？对于我们的社会，对于我们每个人，我们能从这个事件中发现什么。说得更直接点，马加爵杀人的事件是否与我，与你，与我们每个人都有关？

《论语宪问》中有这么一段：有人问孔子："以德报怨，何如？"孔子说："何以报德？以直报怨，以德报德。"孔子的意思是拿德来报怨的话，那么我们拿什么来报德呢？所以，应该拿公平正直来回报怨恨，拿恩德来回报恩德。孔子的说法固然有道理，但实际上以直报怨和以德报怨乃是两条不同的路径，一条通向外在的社会公正，另一条通向的则是内在的人心之温暖；一条旨在维护社会公正，一条旨在拯救世道人心。

马加爵不能合流，别人看他不惯，也不搭理他，甚至其实他，对于那些看不起他的人而言，这是以直报怨，是公平的。以卑者和弱者身份存在的马加爵他感受到的不是人心的温暖，而是因为他的卑弱而获得的正常的回报，从而使他的卑弱之心在他人的歧视中日趋灰暗。随之而来的是，走不出灰暗内心的马加爵一步步把内心的怨恨无限放大，你们看不起我，我也不让你们好过，终于酿出恶与更恶循环递进的怪圈。

无疑，长期生活在闭锁之中的马加爵，其心灵世界是卑微的，不乏黑暗与龌龊。但仔细想来，这个世界上并不是谁都能施人以恩德的，他们的人心也可能始终停留在卑微和琐碎之中，那么，这个世界究竟应更多地以怨报怨、以冷漠对待冷漠，从而使其人心永远停滞不前，甚至还更趋堕落，还是应该走进他们卑微的内心世界，给他们以敞开自我的机会，让他们也能感受世界的光明与温暖，从而走出那卑微和潮湿之心灵寓所，让那些一生抬不起头的弱者、苦者、悲者，能找到他们在人世生活的希望和勇气呢，而不是以更极端的方式来发泄他们的怨恨？日常生活中的以直报怨，固然可以得到一己的公平，却可能使贫弱的人心日趋黯淡，像风中摇曳的一熹无援的烛光。

在我们的社会中，实际上正如孔子所说，我们习惯的是以牙还牙，以怨报怨，千百年来始终都走不出你仇我恨、你杀来我杀去的循环，谁都想走出社会的底层，走出被歧视的境遇，这理所当然，问题在于，走出去之后，我们所希望的并不是消除社会歧视和社会的不公，而是让我也当一回人上之人，让我也享一回骑在别人身上的福，也就是刘邦和项羽对话之中"彼可取而代之"的生存心态。原来别人歧视我，现在我来歧视别人，这不是公平了吗？但这是一种什么样的公平呢？这种停留在个体经验之中，经世致用的公平，其最终的结果是虽有了小范围的公平，却可能失去社会整体的公正。致用主义的思维方式妨碍了国人精神空间的拓展，尽管我们有着礼仪之邦的美誉，但这并不意味着我们民族的道德生活是丰富的、多样的，恰恰相反，立足于现实经验之中的单一的伦理道德体系在规范着国人的道德生活样式的同时，也大大地局限了国人的道德生活空间。这样说来，马加爵事件需要反思的难道只是马加爵一人吗？难道不跟我们每个人的生存品质有着丝丝缕缕的牵挂？

有一段时间，我一直思考，为什么在一个有着悠远的以关爱他人作为个体存在的基本义务的文化传统里，现实中的个体却往往视他人生存存在的状况置若罔闻呢？我们强调的推己及人却并不足以引导个体走出自我，而真正进入与他人"共在"的生存姿态，所以才有中国人的一盘散沙的描述？我久思不得其解的时候，读到安徒生的《海的女儿》，读到特蕾杀莎修女"活着就是爱"，读到朋霍费尔的"参与上帝的苦弱、为他人而存在、对世界负责"，我渐渐明白，这世界上，还有另一种人，还有另一种生存的品质，一种以爱——而不是恨——来包容一切的心灵品格。原来，我们所强调的关爱他人更多的是作为一种外在的义务，是作为一种对君子人格的规定，并没有作为一种心灵的品格来敞开个体人生，敞开个体人心通达他人与世界的路径。原来，个体并不一定要借助于宏大的民族、国家、乃至主义伦理的重负才可以通达他人与世界，个体完全可以凭借内心的信仰，凭借内心对苦弱的分担而拥抱整个存在，从而赋予卑微的个体生存以神性的光辉。

从以三纲五常为中心的传统人伦教化，到以"全心全意为人民服务"为中心的现代价值教化体系，都是基于外在的义务层面对个体的引导，都没有找到一条敞开个体人心而与他人和世界相遇、共在的方式，以充分地启导个体以宽厚之心，包容他人，接纳世界。正因为如此，我们的文化传统中，作为独立自主的个体的我性并没有发育出来，但狭隘的以我为中心的我性特征却十分牢固，尽管我们整日言称无私利他，强调个人对他人的义务和责任，但行为的出发点和归宿却无时不指向自我。既然如此，努力发育一种更宽厚的人心品质，引导个体在立足个体思考与行动的同时能超越个体，超越"我"之域限，为我们的民族精神注入一中包容、开放、博大的质素，从而为建立现代社会所需要的正义公平提供个体生存品质的内在支持，这难道不该是我们今天的社会教化，尤其是教育的主题？

教育首先是立足于个体的经验世界，理解这个世界、这个社会的公平和正直的基本要求，并纳入自己的行为依据之中，以公民的姿态参与当代社会生活之中，这是当代教育起码的境界。但教育如果只停留在这个层面，实际上还没有走出经世致用的域限。教育还应立足于启导个体人心，引导个体超越自我，超越经验，以宽厚和仁爱之心去感受世界的幽深和恢宏，学会把爱与美好奉呈给冷暖人生，在那里，敞开个体人生通向世界的另一扇窗口。

当我们的教育沉溺于实际的知识技能训练，满足于个人身心的自足性发展，我们生命幽深之际那通向他人与世界，与他人和世界相遇的心灵之窗口也许将永远闭锁。缺少了内心深处对他人生命的理解、认同与深深的关爱，类似马加爵的悲剧还会不会在中华大地上重演？我没有把握，只有默默地期待。

且让我们来重温海明威《丧钟为谁而鸣》扉页所引英国诗人约翰·多思的一段话："谁都不是一座岛屿，自成一体；每个人都是广袤大陆的一部分。如果海浪冲刷掉一个土块，欧洲就少了一点；如果一个海角，如果你朋友或你的庄园被冲掉，也是如此。任何人的死亡都使我受到损失，因为我包孕在人类之中。所以别去打听丧钟为谁而鸣，它为你敲响。"

为人的尊严踢球

德国世界杯决赛上，齐达内撞倒马特拉齐的事件已经水落石出，确实是源于马特拉齐侮辱性的秽语惹怒了齐达内，才导致齐达内不顾一切地惊世一撞。留给世界的除了他激情的一撞，以及裁判果断的红牌，还有红牌后黯然离去、一代巨星在球场上的悲情落幕的背影。

齐达内并不是为球迷心中完美的偶像而踢球，他当然要为法国队，要为法国踢球，但他同时也要为自己，为一个法国人，为一个人的尊严踢球。

我们可以不赞成他的行为，但他的举世惊人的一撞，却让我们深深思考一个重要的问题，那就是：运动员究竟是为谁而存在，运动员在体育竞技中究竟应该以何种姿态生存？他们还是不是他们自己，他们在何种程度上属于他们自己？齐达内的行为确实让人匪夷所思，与一个大师级的足球明星身份很不相符。但正是这一击，让齐达内由神变成了人，让我们明白，此时的齐达内是作为一个普通的个人在踢球，是作为一个普通的球员、一位母亲的儿子、一位妻子的丈夫在踢球。他不是神。他在为球队、为国家、为荣誉、为球迷踢球的时候，也在为自己，为个人的尊严踢球。当他感觉自己的尊严受到侵害时，他要毫不犹豫的维护自己的尊严。这其中，显现的是作为普通人的齐达内的另一种精神气度。

当然，这样说，绝不是把他的行为美化，但确实值得让我们思考一个严峻的问题，那就是：人，究竟为什么而活着？齐达内的答案是：人的尊严重于一切，神圣不可侵犯。

还有一点不应忘记，齐达内在事后公开向全世界的球迷，特别是儿童道歉，他为他的行为可能给全世界儿童以不良的引导而深深道歉，表现了一个成年人勇于担当的责任与勇气：

"我必须对孩子们道歉，对那些准备（通过比赛）告诉孩子们什么该做、什么不该做的人们和教育家们道歉。"

等那些可能受害的孩子有一天明白，也许他们心中会依然记起那个并不完美却令人尊敬的足球大师：齐达内。

周克华：悲剧如何诞生

　　杀人抢劫犯周克华的人生业已成为过去，但反思他的成长历程具有发人深省的公共意义。周克华不断向恶的人生历程源于个体正能量的缺失和负能量的不断叠加。导致这一结果的原因，除了个人的主观因素，跟家庭、学校、社会之教化功能的匮乏有着不可分割的关系。我们需要在以人为本、尊重生命的前提下，重建社会的教化体系，以避免周克华悲剧事件的重演。

百度百科上这样介绍周克华："周克华，男，苏湘渝系列持枪抢劫杀人案制造者，公安部 A 级通缉犯。自'1·6 南京枪击抢劫案'后，公安部明确：'1·6'南京枪击抢劫案，与此前湖南长沙、重庆发生的 6 起持枪抢劫杀人案，均系同一犯罪嫌疑人所为。2012 年 8 月 10 日，上午 9 点 34 分，此案犯在重庆市沙坪坝区凤鸣山康居苑中国银行储蓄所门前实施枪击抢劫，当时造成一死两伤。后警方查证明确：案犯系周克华，男，1970 年 2 月 6 日出生，汉族，初中文化，重庆市沙坪坝区井口镇二塘村人，身高 1. 67 米，曾因贩卖枪支服刑。2012 年 8 月 14 日凌晨 6 时 50 分，周克华在重庆市沙坪坝区童家桥一带被警方击毙。"周克华的悲剧人生已经走完，但留给我们的思考应该继续。

一

据媒体披露的信息在周克华七八岁的时候，他家从茅草房里搬到现在住的砖房里。作为外来户，或许因此而与当地村民较疏远，周的性格也逐渐变得内向，放学后便回到家里，独自一人看武侠和侦探类的小说，反正就是不出去跟周遭的小伙伴们玩。不光是他，整个周家在村内也很低调，与邻里走动极少，从不参与红白喜事。即便是在周的父亲结婚时，也未邀请村邻，甚至连一桌酒席都没办。据村民说，他父母时常因生活贫困的原因吵架。在这样的环境下，周克华慢慢长大，他少言寡语，甚少朋友，也很少和同龄人一起玩耍。[①]

由于父母忙于生计，家庭缺乏管教，周克华的学习成绩不好，中考失利。他初中毕业想参军，但因为体检不合格未能如愿。随后，周克华跟着父亲去嘉陵江边帮人挖沙。16 岁时，他曾因调戏妇女被派出所治安拘留 14 天。1998 年，当上了搬运工兼叉车司机，老实憨厚是他给人的第一印象，工友回忆，他的技术活很熟练，是一个淡定、沉着而不浮躁的人。其间，周克华与发妻徐蓉相识，结婚后育有一子。而后，周开始了两三年的司机生涯，与妻子一起开中巴车跑客运。好景不长，周克华因为一次超载事故被扣了车。随后，他与妻子离婚。来自村民的一种说法是，"2002 年的一场车祸改变了这个家庭，那个中巴车好像遇到了车祸，他妻子还有几个乘客都受伤了，因为付不起乘客的医疗费，周就跑到外面躲债去了。"[②]

23 岁时，因随身携带猎枪被劳教 2 年。30 岁前后，因在武汉被查出持枪被劳教，这一次他甚至朝天放枪以示冤枉。四年后，他在重庆犯命案。又过了一年，周克华因贩卖枪支被昆明铁路法院判刑 3 年。此后，渐入不惑之年的他开始了更为疯狂地杀人抢劫行动。

二

作为和我一个时代的同龄人，从小还算聪慧的周克华，几乎和我一样心怀梦想。不过因为家庭和个性的原因，未能充分地融

[①] 《他出生在茅草房　痴迷枪改变他一生》，载《重庆晨报》，2012-08-15。
[②] 董丽娜：《一场车祸改变他的家庭》，载《辽沈晚报》，2012-08-14。

入周遭环境之中，接纳周遭环境的友善，并且向周遭世界传递自己的友善。同时，加上成长过程中的不顺，抑制了自己的发展，也使自己的自我认知逐渐偏离正常的轨道。16岁猥亵妇女，是其人格压抑的表现。后面成家立业，靠自己的体力和开车的技能正常谋生，可谓过上了正常人的生活。正常的生活掩盖了自幼以来自我认识的不正常因素。

显然，因为中巴车出事，周克华失去了正常工作，加上离婚，周克华失去了正常家庭生活。这里，周克华人生发生了实质性的转变，这使得原来被抑制的消极人格逐步现实化，也使他对社会的不适应逐渐转向对社会的仇视。

如果说这个阶段，他还只是具备反社会的心理状态，并没有上升到报复社会的仇恨心态，那么他因随身携带猎枪，加上跟办事民警发生冲突，导致劳教2年，这可谓彻头彻尾让他对社会失去了耐心，或者说把他对社会的最后一点期待都磨灭了，剩下的只有对社会的仇视与对抗。换言之，当他走出监狱大门的时候，他就已经是一个"准恶魔"了，剩下的只是发泄的时间和机遇问题。而他云南贩枪再度入狱，只是他仇视社会因素的进一步强化，或者说是他其后系列案件的酝酿与谋划。

以上分析可以看出，周克华的迷失主要表现在两个方面，一是个人潜质与才能上跟周围人群相比的略显优越与这种潜质和才能并未得到社会认可之间的矛盾，而让自己沉迷在自负与不满之中；二是由从小社会交往的不充分，社会适应能力与心态不足，以至遭遇社会不公或者挫折时对社会缺乏必要的包容，使对抗社会的心态加剧，而让自己沉迷在对社会的怨恨和报复心态之中。周克华的迷失乃是自我认识的迷失。

三

不难发现，周克华一步步走向恶魔的人生轨迹，其起点乃是自幼就没有在内心之中萌生出足够的对自我人生的美好期待，准确地说，是虽然如普通少年一样萌生了美好期待，但却没有这种美好期待栖身的现实空间，从而造成自我人格的封闭，一步步走向个人与社会之间的断裂。换言之，周克华一开始就没有累积足够的个体人生的正能量，阴郁、自负、怨恨，人生发展一点点累积起来的正是远离社会和正常人生的负能量。

正能量一词，原是天文学专有名词，其基本含义是：以真空能量为零，能量大于真空的物质为正，能量低于真空的物质为负。近年来，逐渐被用在人生心理分析领域，即指一切予人向上和希望、促使人不断追求、让生活变得圆满幸福的动力和感情。所谓正能量，就是一种积极生活的品质与力量，包括自信、达观、乐于交流、包容、积极接纳他人和世界等。而负能量就是涉及个人消极生活的诸种品质，包括自我闭锁、阴郁、自卑或自负、怨恨、仇视他人和社会等。每个人的生活历程中难免都会产生负能量，但只要我们具备了足够的正能量，我们就足以自我协调负能量的干扰，而让生活显示出阳光灿烂的健康品质。一旦我们缺少正能量，又淤积了太多的负能量，又缺少合理的缓解路径，那么个体生活状况就难免每况愈下，节节后退。周克华的人生历程，就是这样一种负能量逐渐发展，逐渐替代原本不充分的正能量的过程。

造成这种发展模式的缘由当然不是天生的，而是自幼家庭与周遭环境的塑造，加上社会对弱势群体缺乏足够的善待与救助机制，这些因素组合起来，成为周克华负能量不断累积的重要原因。当然，一个人的成长乃是个体与环境的双向互动而逐步形成的，周克华的为恶的人生路的发展显然不能简单地归结为环境没有给其足够的正能量，我们应该看到，换一个角度就是，周克华从小就没有选择更多地从环境中获得正能量，在人生的关键点上更是屡屡选择沉沦的方向，一步沉沦，步步沉沦。

周克华并没有选择以积极奋进的方式来提升自我、缓和自我生命之中的负能量，而是以消极对抗、仇视社会的方式来成倍地释放自己的负能量，最终饮弹身亡，可谓咎由自取。周克华的悲剧首先是个人的悲剧，是个人不能恰切地认识自我、认识自我与社会的关系，进而建立个人与社会之间的积极的沟通交流，形成和谐的社会交往实践，而是逐渐地把自己置于跟社会对抗的境地，越走越远，最终成为社会的罪人。

周克华家庭自身也还算和睦，这从周克华本人对父母的孝顺可以看出，同样可以看出的是周克华本人的基本家庭生活道德也可谓中规中矩，甚至还不错，除了孝顺，他也很勤劳，还很节约。换言之，除去周克华身上的恶魔因素，周克华其实还是一个不错的人。这里的问题出在哪里呢？那就是从小家庭就缺乏的对社会生活的广泛适应与积极的社会交往能力，和通过这种交往而习得的对社会基本价值的深度认同。这意味着周克华所经历的家庭小德的教育，也就是适应小家庭生活的教育是基本成功的，缺少的是家庭大德的教育，也就是适应社会大家庭生活的教育是匮乏的。正是这一点，成为周克华一步步走向社会对抗的根源的原因。当周克华亡命天涯，以至毙命倒下，留下无奈地老母和无助的孩子，个人悲剧走向家庭的悲剧。

四

应该看到，周克华不仅是属于他个人，属于他的家庭，也是属于社会的。周克华恶性的成长和负能量的累积离不开社会的冷漠，至少是不够热情。换言之，周克华之成为杀人恶魔，社会有不可推卸的责任。这种责任至少表现在以下三方面。

其一，他的家庭从小缺少社会交往，这首先是他家庭自身的问题，家庭生活中的自卑与自闭，可谓形成周克华性格特点的关键因素。可他周围的村民、同伴为什么就没有更多地主动、热情而又无歧视地关心这个家庭的生活？这意味着日常生活中我们对他人的歧视，有可能就是在孕育我们周遭的恶，或者说歧视本身首先就是一种恶。无条件地认同日常生活中的他人，平等地对待我们周遭的每个人，学会积极援手他人，关爱他人，这对于我们当下社会的建设乃是至关重要的主题。

其二，他自己原本喜欢读书，尽管读的是武侠小说，但由于父母对其学业关注不够，他的成绩并不好，升学之路不成，想当兵也未能如愿，这段求学之旅实际上并没有改变他的人生轨迹。换言之，他的读书历程既没有给他提供长远的发展可能性，也没有改变他精神发展的走向。这意味着他所经历的教育其实是不成功的，不单是升学上的不成功，更是指这种教育并没有给他的人生带来丰富的精神资源，或者说增加更多的正能量，让他学会爱、包容、积极的社会交往、与人为善等，而是让他继续在孤立、封闭、心怀怨恨的自我成长路上前进。如果他所经历的学校生活足以点燃他晦暗的心灵世界，那么他的人生或许能彻底转变。这提示我们，基于个体生命成长的视角，学校教育的基本目标，从积极之维而言，就是如何增进个体生命的正能量，让个体心灵为爱、乐观、自信、开朗、友善、希望等品质所充满；从消极之维而言，就是如何敏于发现个体成长中累积的负能量，并努力寻求缓解、释放这种负能量的方式，也就是及时缓解个体内心中累积起来的对周遭人和事的怨恨、仇视等，让个体发展趋于正常化。

其三，他也曾有过正当的谋生之路，有过也算正常的家庭温暖，但因为超载被处罚，也有的说是出事故而躲避，导致开中巴车之路堵死，如果我们的交通处罚多些疏导，而不是简单的罚款，或者如果多一点社会保险机制，周克华就不会因为一时的问题而断了财路；后面他持猎枪去武汉时，已经是一个对社会很有些戒心的人了，猎枪被发现，没收后去派出所要回来，这中间如果我们的执法者对周克华多一些关心，至少不仅仅是简单把他绳之以法，而是更多地了解他的心路历程，缓和他的社会怨恨，那么他内心的晦暗不至于因为此事而急剧增加。显然，就因为猎枪事件被判刑 4 年，这充分表现出我们的执法还是不乏随意。进了监狱，如果我们的狱警能够更多地了解他的内心，关心他，缓和他心中的怨恨，减少或消除他心中的负能量，也就是对社会的怨恨、仇视、对抗，启迪他心中的正能量，也就是对社会的爱、接纳、适应、积极向上，服刑的 4 年也可以成为他人生改造的 4 年。换言之，当一个人在对抗社会的过程中内心逐渐变得坚硬和冷漠，这种情况下，社会需要做的恰恰不应是以恶抗恶，而是怎样柔化其坚硬和冷漠的心，以避免其在反社会化的道路上越走越远，让其回归温暖的人性。遗憾的是，4 年下来，他对社会的只有进一步的仇视，这说明他所经历的监狱教化乃是彻底失败的。

这直接地促成他铤而走险去云南那边贩卖枪支，以及二次入狱。而他的再度入狱，与其说是劳动改造，不如说是后面系列犯罪案件的孕育。这里的主要问题是简单执法以及社会对弱势者缺少必要的包容和救助机制，这实际上成为周克华越走越远的直接动因。

五

周克华的迷失可谓今日社会精神迷失的极端表现，换言之，周克华的迷失中其实也有我们每个人的影子。改革开放以来，人们对物欲日益扩展的追求合法化与人们对文化与教养追求不成正比，导致人们在物欲膨胀中的迷失。只不过有人能以比较正当的方式获得，有人能以非极端的不正当方式获得，而作为底层人的周克华选择的是极端的反社会方式来获得。在这个意义上，周克华的迷失可谓这个时代精神迷失的极端个案。这意味着我们或许应该从整体上反思我们时代发展的方向与路径，特别是反思我们社会的文化与教养水平的合理建构问题，以提升社会整体的精神高度，裨补当下社会大量涌现的个体灵魂的空虚。社会发展必须凸显以人为目的，以每个人的自由全面发展为目的。舍此则社会必将陷入迷途。

尽管周克华后面成了恶魔，最终毙命，但我们依然应该看到，不仅周克华抢劫、杀死的对象是这个社会宝贵的一分子，周克华本人，他也是这个社会的一员。周克华一步步走向恶魔之路，不仅是他个人的损失，也是我们这个社会的损失。一个人的善良也就是这个社会的善良，正如一个人的邪恶也是这个社会的邪恶一样。正如一个人的善良会作用于社会，从而增进社会的良善一样，当一个成长为极端仇视社会的恶魔，也就是这个社会中的一个分子成了仇视社会的恶魔，进而反过来导致社会机体本身的不安定和人们生命财产的不安全。换言之，周克华成为恶魔之社会损失，不仅是他的杀人抢劫对我们社会造成的损失，而且他之成为杀人抢劫犯本身就是我们社会的损失，每个人的恶都是我们社会的损失。这里涉及我们社会所缺乏的对每个人无条件的生命认同问题，每一个生命都值得尊重，每一个生命都需要尊重，唯有建立无条件地尊重生命的原则，我们才可能建立一个更安全、更健全的社会。

在这个意义上，我们需要把周克华的事件看成一个值得整个社会深思的社会性事件，而不仅仅是属于周克华个人的事件。周克华的犯罪事件我们需要痛恨和严重打击，但一旦这个事件成为事实，我们就需要把他所有的恶都包容进来，进行整体性思考。只有这样，我们才能从周克华的这样的社会消极事件中寻找到通往未来的积极意义，使之转化成公共教育资源，让我们的家庭、社区、教育者、执法者如何立足自身，完善自身应有的功能，让我们每个人都学会在时候都尊重他人，在需要的时候援手他人，而不是只知简单照章办事，对他人特别是弱势者缺少真正的关心，让阿伦特所言的"平庸的恶"泛滥，从而让未来的社会尽可能地减少，或不让周克华似的悲剧再度重演，让每个人都过上正常而正当的生活。因为对他人的关心，就是关心我们身居其中的社会，就是关心我们自己。

第五辑　孩子需要什么样的学校生活

儿童生命成长过程中的祛魅与附魅

有一次听课，老师问学生期待做一个什么样的梦？有个学生回答说只想做平平凡凡的梦。老师问为什么。学生说，做好梦，一下子就醒来，会很痛苦。我突然明白：今天的孩子是越来越留不住内心的梦，确切地说，今天的孩子已经越来越没有梦了。孩子们生活的世界，恰恰是不断被开启的世界，是一个强光的世界，是一个没有隐秘的世界，是一个缺少了内在孕育的世界，是一个过度喧哗的世界。我们今天面临的是一个消费主义的时代，孩子们的教学本身就成一种消费的形式，面临着一个大众文化。当不成熟的大众文化，过度的把孩子们的生活空间理智化、世俗化，孩子们就失去了做梦的可能性。

现代化的过程，本身就是世界的不断地被理智化，被祛除迷昧的过程，不断地被体制化组织起来过程。我们的教学也在体制化的过程中成了一种机械化的流程，成为一个个有效的模式。置

157

身于这种模式化的教学情境之中，孩子们的生命被过度敞开，失去了基于儿童自身特点的必要迷魅，儿童生命世界自然而然就被割裂了。正因为如此，我们今天的教育目标之一就是要在这个生命被过度敞开的背景之中，让孩子们学会做梦，更多地留一些梦给孩子，保持他们自我生命成长的必要的迷魅。

所谓"十年树木，百年树人"，个体生命成长原本就是一个复杂的过程。我们今天的教育就是要不断地回到百年树人的古训，回到教育的基本常识之中。近代以来的教育名家，从洛克到卢梭，他们特别强调早期的教育应该是家庭教育，过早地让孩子进入学校教育，本身就意味着孩子们生命成长的私密空间被大大缩减。让孩子在家庭生活中间，就是尽可能地给他年幼阶段的成长的私密性。父母通常喜欢把孩子们成长中的秘密公开，但其实孩子们并不愿意，不管是讲他们成长中的好还是不好，他们都会不喜欢。因为孩子们不愿意他们成长的秘密在成人世界中过分敞开。我们的课堂教学本来就是一个公开化的活动过程，怎样在这种体制化的、全然敞开的学校生活中多一些情感，多一些呵护，在去私密化的过程中，对独具个性与特点的个人多一些细致入微的呵护，这是我们今天需要思考的重要问题。

当今的孩子为什么在成长的过程中会出现各种各样的问题。一个很大的问题就是我们现在的教学节奏越来越快，很多时候，孩子们越来越多的是"被教学"，"被成长"。不管我们的教学中运用了多少启发式教学，实际上孩子们在这种体制化课堂生活中的位置总是被动的。他们更像是被牵着鼻子行走的小牛，他们失去了在课堂中自由成长的空间。在这个意义上，一位好的老师，一种好的教学，在任何时候都应该是节制的，或者说保持必要的节制，而不是无所顾忌地对学生施加教育影响。节制是教育行动的美德，是教学的美德，也是一个优秀的教师的美德。老师在课堂中要节制自己的情感，节制对课堂的驾驭，更多地让文本来贴近孩子们的心，让孩子们贴近文本的心，让文本在与孩子们的互动中，一点点孕育他们隐蔽的内心。课堂教学的过度规范化、条理化以及结论的精准化，都不过是成人世界加于儿童世界之上的过度教化。

不仅如此，要呵护儿童生命成长的必要迷魅，还需要儿童生活对日常生活世界的开放性，避免儿童生活全然限于体制化学校教育所给定的生活视界之中，让儿童失去了更广阔的生活世界的呵护。个体完整的生命成长不仅仅来自正规的教育，来自经典阅读，同样可能来自日常生活，来自日常生活中若隐若现的习俗与传统。繁复的日常生活世界，往往能给个体生命发展以各种细致入微的呵护，避免学校教育生活加之于个体身上的单一化影响。日常生活中的习俗与传统构成一个人教养性的基础，失去了日常生活对个人生命世界的呵护，恰恰可能导致教养性根基的破碎。而一个在经典历练中获得的教养性越充分的人，越能理解日常生活的价值。尊重日常生活本身的教化功能，保护日常生活的基础性，这实际上乃是人的自由发展得以可能的重要基础。

我们今天是一个年轻人的时代，是一个鼓励创新的时代。年轻人与创新的结合意味着年长者及其所代表的习俗传统已经逐渐地在我们的社会中边缘化。以新为诉求，年轻人的生活世界更倾向自我建构，而不是承续惯习，这意味着年轻人越来越多地具有对日常生活样式的反叛性。适度的反叛性当然有利于年轻人的创造个性的生长，使他们保持对日常生活世界的必要的张力。但不加分别的反叛将导致他们失去日常生活作为教养性的基本资源。他们什么也不相信，只相信自己的判断。殊不知对自己判断的相信，往往容易导致轻信，这正如同对传统和习俗的轻信一样，不同的是，传统和习俗毕竟经历了无数人和更多时间的沉淀，而来自个人的武断和轻信，带来的是个人的自我封闭和过度自负。我们一方面要引导儿童以开放、创新的姿态面对时代与社会，同时也需要——甚至在目前更需要让他们学会适度的保守，理解传统，尊重习俗，积极谋求与年长一代的对话沟通，以获得个人生命世界的细致入微的滋养，这是促进儿童生命成长必要迷魅的重要途径。

这意味着我们需要充分地鼓励、引导孩子们多接触、投入日常生活交往之中，让他们更多地融入地方、习俗、传统之中，让他们多听听爷爷奶奶的故事，在丰富的代际交流中扩展个体的生命视野。与此同时，我们的课堂教学之中，也需要避免简单地处理相关于地方、习俗、传统的知识内容，把这些非正规的知识以非科学的名义一棍子打死，导致儿童对日常生活世界产生内在的封闭，缺少必要的包容与吸纳。

今天，我们的孩子更多地沉迷在电视、网络等大众传媒所建构起来的虚浮的文化世界中，他们越来越多地失去了对日常生活的感知力，也失去了对日常生活中的各种生存理念的认知，导致生命空间失去了来自日常生活诸种资源的妥帖呵护，这或许是当下青少年各种心理问题出现的重要原因之一。重申日常生活的教养性意义，乃是当下越来越多地远离日常生活世界的教育形式必须面对的重要主题。

阳光下的行走与呐喊

2007 年 12 月 6 日到清华附小看到一两个班的学生在上体育课，老师带着学生整齐地行走，很有节奏地喊着"一二三"。冬日的阳光暖暖地照着，我看着孩子们一边喊着，一边整齐地向前踏步，这就是冬天里最好的一道风景。其实，这同样是，甚至更是童年最美的一道风景——自由地行走，并且呐喊在冬天的阳光之中，让儿童的生命在冬日的暖阳中自由地舒展，感受体贴入微的阳光的温度，稚幼的生命，单纯、温暖，而又丰盈。这莫不是我们对美好童年的期待？

稍有些遗憾的是，我总感觉我所听到的清华附小的孩子们的呐喊声中总带着那么一种文绉绉的原初生命被整饬的痕迹。孩子们的声音虽然好听，但总感觉有一种表面的华丽，缺少基于儿童生命自然的无遮拦的、酣畅淋漓的、生动的呐喊。或者说，孩子们的内在生命激情并没有在冬日的暖阳中被充分地调动起来，他们在行走与呐喊的过程中，始终清醒地保持着自己的学生身份与对体育课堂的意识，他们还没有沉醉其中，他们没有忘记社会化的自我，而被还原成阳光下自然与自由的生命。许多时候，他们喊出的并不是他们自己，他们更多的也许只是喊给老师们听——是一种面向他人的表演，而不是喊给自己听——在自我的生命视界里，自由地舞蹈。

这不由得让我们思考，究竟什么是教育，教育是否就是生命的文饰？教育的起点在哪里？教育是否可以否弃生命原初的淋漓充沛之气？还是应该在文饰的过程之中保持生命内在的、原初的丰沛之气，从而让我们的生命在教化的过程中不失生命原初的激情，从而使我们的整体生命形态优雅、健康、丰富，而又不失自然的本色。这对于当下技术化的教育中越来越孱弱的生命原初之气，以及越来越多的心理问题涌现，还有"男不男，女不女"的生命姿态，特别是我们的教育中男孩子越来越少地具有一种必要的刚性气质等问题，难道不是当下的值得我们深思的教育的根本问题吗？

早在 20 世纪八十年代，张艺谋的《红高粱》甫一推出，万众瞩目。其万人空巷的原因之一，正是影片中由颇具男性粗野气质的演员姜文呐喊出的"妹妹你大胆地往前走"所蕴含的生命气象。这一呐喊不是绝后的，却是空前的，实际上也是中国几千年来的礼教文化对国民人格与心理的塑造的平静、温驯的文化气象中的一声突破性呐喊，从而喊出了过于文饰的中国人的生存样态背后质朴而不乏粗野的生命原初气象。在某种意义上，张艺谋是在替长期压抑的国人呐喊，喊出久久郁结在他们心头的生命之元气，这应该是奠定张艺谋作为当代中国文化大腕之关键所在。很遗憾的是，从《红高粱》到《菊豆》，《大红灯笼高高挂》，再到《英雄》，张艺谋慢慢地耗尽了他的生命底气。在越显浮夸的商业电影的构造之中，那种真实的源自生命深处丰沛的生命元气，已随着影片商业化的越来越浓而渐渐远去。

在歌坛，刘德华、成龙等歌星之所以唱歌水平很一般，甚至太一般，但却能被广为接受正在于他们的歌声中有那么一些未被文饰的、甚至不乏粗糙的生命痕迹，所以他们的成功并不是歌唱艺术的成功，而是他们为人的成功，人格的成功，是他们的人格中显现出来的某种原初自然的精神品质构成了对普通人的生命样式的亲近。其实，他们的歌带给我们的并不仅仅是歌曲本身的体验，同时也是自我生命的沉醉与享受。在他们的并不是美的歌声，我们找到自我生命之中某种原初的丰沛的痕迹。

两千多年前的孔子告诫我们：质胜文则野，文胜质则史，文质彬彬，然后君子。就自然生命而言，教化是必要的，换言之，生命之质需要文的提升与超越，但文的生命意义并不是简单地遮蔽生命之质，文饰的生命还需要生命的自然之质的充实。文与质的和谐，才能让我们以善好的姿态面对他人和社会，同时又以生命的质朴与丰盈来显现自我存在的健全与饱满。一张一弛之谓道，保持文与质的张力，这实质是个体生命发展的根本要义。

就当下的处境而言，我们一方面当然要强调教化的必要性，尤其是就中小学教育而言，怎样尊重、激励、焕发孩子们生命存在的原初的丰沛之气，显现他们的生命本色，以及一种自然的、充满血肉体温的健康姿态，这其实是今天教育隐在的同等重要，甚至就笼罩于应试阴影中的当下青少年而言更，乃是重要的问题。

把体育还给体育

还是雅典奥运会时，一次观看电视转播的女子沙滩排球比赛，看到雅典人在赛场上下歌舞不断，每个人表现出来的尽情投入，使整个赛场成了一个欢乐的海洋，让人感慨良多。在那时那刻，赛场已经不是，或者说不只是运动员表演的舞台，赛场是观者和运动员共同营构的游戏空间，一个生命恣意张扬的狂欢之场域。

从古希腊以来，竞技场的伦理精神就是尽可能优秀的展现你自己。古希腊把神庙、竞技场、剧场、音乐厅建在一块，表达的伦理理念正是人与神、人与人、人与自身的和谐，是哲学、体育、艺术、人生的合一。体育在古希腊的世界里，是一场灵与肉的盛宴，是精神与肉身的狂欢，是认识你自己的一次检阅，是绘绘社会中的个人向力与美的生命本色的激情回归。

体育运动首先是一种人的活动，是一种以人的身体为内容的活动，体育在最直接、最基本的层面，其意蕴就是强健人的体魄，强身健体。体育作为一种集体参与的活动，让每个人从日常事务之中摆脱出来，纯然沉浸于身体的运动之中，积极的展现、充实身体的力与美，在日常生活之外营构另一种个体生存的样式，成为人类生活丰富多样的表达形式。在此意义上，体育在个体以至人类生存的层面，给人类生活提供了另一种可能，一种超功利的、纯然以身体为内容的游戏方式。奥林匹克作为一项全球性、集中人类体育文明的运动盛会，其根本价值正在于，她为人类的生存敞开一扇没有暴力的、充满和平安宁，世界人民天下一家、和平共处的生存空间，在其中来自不同国度的人们尽情展现自己的力与美、健康与活力，展现人类立于大地之上、时间之中的生存之和谐与美好。

回望我们从小对体育的认识，不过是"加强体育锻炼，增强人民体质"，"锻炼身体，保卫祖国"，还有做做操、跑跑步。现在人们对体育的认识有所增加，诸如拿冠军，夺金牌，争荣誉。有一则某运动鞋的广告，前面是乒乓球名将孔令辉说"体育是人类文明的火种"，然后是王皓说"体育就是不服输"。虽然只是广告，但也表明国人对体育的一般性认识，体育运动是一种传递人类文明的活动，体育运动需要一种不服输的"气"，张扬一种积极向上的精神气质。我们有时候似乎忘了，那属于体育自身的价值追求究竟是什么，或者说体育本身究竟是什么？

当体育被寄予太多的非体育因素，体育活动就不再是一种挑战个人潜能、有趣味的、充满生命活力的游戏，而成了一个名利场，运动员就成了名利的工具，成了金牌动物。走上赛场，我们的运动员大都容易紧张。当体育负载了太多的使命，运动员不能有任何闪失，心理紧张就难以避免。更何况，我们的部分体育官员动辄以国家、集体的名义教训队员，摆出一副道德家的面孔，耳提面命。在此背景下，重在参与不过是官员们的口头禅。

当然，国家花费了那么多钱，运动员们没有理由不好好比赛。这就涉及体制的问题。我们的竞技从来就是国家体育。我们的基本思路就是，国家把你养起来，当然就是要你拿金牌，为国家赢得荣誉的，说白了，你成功了就是英雄，失败了就是狗熊。站在运动场上你就是夺牌的工具。

站在动辄以国家代表的篮协或者体育高官们面前，个人是无力的。他们站在体育高官们面前根本就不是平等的，他们不可能有任何理直气壮地表达他们个人意愿的权利和机会，他们最好的行为方式就是乖乖地听话，拿冠军，拿奖牌，最好是什么话也不说，或者说也只说形式一派大好，有错也全部都是个人的。作为中华人民共和国公民的我们，作为球迷，我们是否听到过王治郅的申辩？我们也有知情权啊，全面封杀王治郅，难道真的就体现了亿万中国人的意志吗？

对体育精神的接受是功利的，这跟近现代中国对西方理念的接受中的功利色彩异曲同工，我们所想的就是如何以夺金牌的方式来证明我们也行，我们如此巨大的竞技体育投入的目的主要就不过是向别人证明我们自己，而不是首先面向我们自己，想想体育对于我们自己究竟意味着什么？体育究竟带给了中国人生存品格的转变吗？带来了何种样式的生存品格的转变？还是仅仅只是向世人证明，我们是夺牌强国？

体育具有游戏和功利两种基本功能，当我们把体育竞技纯然变成一种名利场的角逐，成为纯然功利之所在，竞技者就成了纯然的夺牌工具，"成者为王败者寇"。于是，我们在竞技中的运动员脸上很好能看到投身体育带来的欢乐，常见的是"冷面杀手""苦瓜脸"，从那一张张愁云惨淡的脸上，跳动的除了成败的压力、夺金后的荣誉和失败的沮丧，还会有多少体育竞技的魅力与生命的欢乐？

"古之学者为己，今之学者为人"。古希腊的体育精神正是一种为己即为了成就自己、展现自己的优异的体育精神，正是每个人优异的展现，才给人类的生活空间营构出一个充满无限生机活力的竞技场，也营构出一个美满的精神盛宴。那种单纯为成绩和金牌而拼搏的体育精神，不仅失去了体育的本义，也失去了应有的人文价值，不值得我们倍加推崇和敬仰。可是，除了外在的功利，我们对体育、对投身体育的自我，究竟还有多少认识与期待？

以阅读开启心智

诗人王家新曾谈到他的一段经历：

我曾在欧洲快车上遇到一位埋头阅读尼采、知道我是中国人后又兴奋地用英文背诵孔子语录的女士，我以为她是什么文化人，后来才了解她原是瑞士的一位理发师；我还在德国认识一位"杜甫迷"，他不仅热爱杜甫的诗，还曾为此前往中国数次，带着一本中国历史地图册，追寻杜甫当年的足迹；然而这并不是一位"汉学家"，他只是一位普通的中学化学老师！所以，我理解了在欧洲何以会产生像叶芝、里尔克、普鲁斯特这样的作家和诗人，因为它的文明已发展到这种程度。当然，欧洲早已不是什么"高雅"或"精英"的一统天下，然而，无论受到怎样的大众消费文化的冲击，它也不会愚蠢到仅仅以"市场"来做价值判断的标准，更不会出现像目下中国文坛上这样无聊、恶俗的炒作。因为就整体而言，那里的"人民"仍处在良好的文化修养的引导下。（王家新：《汉语的未来》）

一个理发师、中学教师能大段地背诵尼采、谈杜甫、里尔克如数家珍的社会一定是一个文明的、高教养的社会。在世界大家庭之中，犹太民族是一个以高教养著称的民族。全世界富有者中，40%是犹太人，犹太民族占世界人口不到0.2%，却包揽了15%的诺贝尔奖，以色列人口只有680万，人均国内生产总值、人均生活指数以及人均科技人才指数，却都跻身世界前列。支撑这个奇迹的一个重要因素，正是以色列完善的教育与文化机制。他们读书态度近乎宗教，他们也绝不允许把书踩在脚下，孩子刚生下来，就用蜂蜜涂在书上，让孩子舔，意思是读书才能甜蜜。面积与我国北京相仿的以色列有设备齐全的图书馆100多个，全国出版各类杂志近1200种。在这个人口仅680万的国家，小至几百人的基布兹，大至特拉维夫这样的时尚都会，均建有环境高雅、藏书丰富的图书馆或阅览室。据联合国教科文组织1988年的一次调查，以色列14岁以上的人平均每月读一本书，平均读书量居世界第一。热爱学习、崇尚读书在以色列蔚然成风。周末午后，漫步风光秀丽的特拉维夫海滩，人们不难发现，除了嬉水的泳客，更多的是躺在海滩上读书的本地人，其中既有中老年人，也不乏皮肤呈古铜色的年轻人和比基尼女郎。

从表面上，当代世界各国的大比拼是经济、科技的大比拼，但深究其里而言，则是社会整体教养水平的大比拼，是社会整体文明程度的大比拼，是国民综合素养的大比拼。晚唐诗人章碣的《焚书坑》："竹帛烟消帝业虚，关河空锁祖龙居，坑灰未冷山东乱，刘项原来不读书。"马背上打天下、你方唱罢我登场的时代毕竟早已经过去，我们今天社会的发展进步需要实实在在地建立在文明与智识的积累之上，阅读因此也就成为提高国民素养的一个十分重要的方面。

社会教养水平的提高绝不是来几个运动、搞几场轰轰烈烈的学习就能够解决的，恰恰这样的学习运动越多，越会降低人们学习的兴趣，越不利于社会整体教养水平的提高。我们经常谈论的社会道德现状的诸种问题以及道德教育实效性的低迷，原因何在？原因当然是多样的，但有一点是清楚的，社会整体道德素养的提高必须建立在知识的底架上，以知识来照料人的心魄，照亮人心的知识来源于广泛而持久的阅读，来源于现时代的个体能从人类、民族数千年文明演进的过程中所积淀起来的文化的火种中不断地吸取养分。我们之所以作为现代人，不仅仅是因为我们生活在现时代，更是因为我们站在人类过去数千年文明史的巅峰，我们不仅充分享受着人类长期发展起来的物质文明的累累硕果，我们同样有着无穷的足以滋润个体人心的心智的文明，正是凭借它们，才使得我们离荒蛮越远，离美好的人性越近。培根说的精彩，"读史使人明智，读诗使人智慧，演算使人精密，哲理使人深刻，伦理学使人有修养，逻辑修辞使人善辩。"广泛的阅读让我们在增进人生的智慧与修养的同时，也增进我们作为人的尊严。

先人有言，"仓浪之水浊兮，可以濯吾足，仓浪之水清兮，可以濯吾缨!"静静地阅读，在书林中漫步，用书香来洗涤人世的纷扰，让人面目清新，所以宋人黄庭坚这样说，"三日不读书，便觉面目可憎"。三日不读书，便觉世俗生活的尘埃积淀。当代生活的过于世俗化，导致人心的肤浅与个体精神的平庸。持久的阅读会让我们从源远流长的历史典籍中找到心灵的眼睛，足以引导个体穿越心灵的迷雾，面对现实的浮华而得以从容安顿自己的人格与精神栖居之所。一个不读书的人其精神世界是狭窄的，是否读书跟他是否大学毕业没有关系，书才是真正的大学，才是让人精神成长的家园。

2004 年，中国出版社协会做了一项调查：我国有 45％的家庭无一本藏书，无一个书柜；韩国有 96.8％的家庭平均有 500本以上的藏书。但恰恰我们的阅读现状堪忧。由中国出版科学研究所组织实施，每两年进行一次的"全国国民阅读与购买倾向抽样调查"报告显示，通过三次追踪调查发现，五年来，我国国民的读书率持续走低。以识字者总体样本计算，2003 年比 1998 年下降了 8.7 个百分点，其中城镇居民下降了 7.8 个百分点，农村居民下降了 9.6 个百分点。生活节奏紧张，没有时间阅读成为国民阅读率总体下降最重要的原因。在基本不读书的人群中，选择没时间读书的人为 50.6％，超过了一半。没时间读杂志的比例也在提高，有 32.3％的人是因为工作学习太紧张，没时间读杂志。我国国民中有读书"习惯"的读者大概只占到 5％。据《深圳晚报》在 2004 年年底对深圳市民读书情况调查，约有 36％的人

"读书越来越少";普遍在中学和大学期间读书最多,参加工作后,读书又少又专;30 岁以上的人读书开始明显减少;40 岁以上喜欢读书的人更是少得可怜,40 到 50 岁这个年龄段喜欢读书的人只有 1% 左右。

当人们忙于生计,追名逐利,沉溺于感官娱乐以消解内心的劳碌之时,人心变得越来越浮躁。实际上,浮躁的心向几乎环绕着我们日常生活的方方面面,从大众媒体的喧嚣,到各种缺少文化品位的建筑空间,从被各种效率性数字统治的学习、工作,到被商业叫嚣所主宰的日常生活,置身其中,我们几乎找不到人生的东南和西北。这时候,我们真的需要一方平静的书桌,在那里,让我们静静地穿越时空,去与古今中外我们心仪的诸多智者、仁者、趣者、谐者交流对话;在那里,智慧之光沐浴着我们的精神麦地,我们的心灵得以自由地呼吸。

记得林语堂曾有一句妙语,"太阳虽好,总要诸君亲自去晒,别人却替你晒不来"。照亮个体人心的阅读必须是个人性的、非强迫性的。这意味着阅读兴趣与趣味的培养就十分重要。阅读兴趣从何而来?来自家庭和学校教育的影响。如果我们要寻找今天的仍然以应试为中心的基础教育的问题,那么我以为其中至关重要的问题之一,就是我们让一个人虽有十多年的读书经历,却没有很好地培养他们的阅读兴趣和阅读习惯,以至那些受应试教育痕迹愈深的人愈缺少个人阅读的兴趣。

学校教育需要宽厚的文化支持,无论教师的教育教学艺术是多么高明,以课堂为中心所提供的教育影响对于一个人精神品格的发育总是十分有限的。正规的学校教育为个人的发展提供方向、方法等骨架式的影响，个人自觉而广泛的阅读则为个人的全面发展提供充足的血肉式的精神滋养。缺少了宽厚的阅读的支持，个人的发展必然是单薄的。缺少了温情血肉的支撑，个人完全可以在以成功为基本价值取向的社会中崭露头角，但人性的发育却难免几分粗糙、荒疏。人之无文，行之不远。

　　尽管我非常关注学校教育，但我总是固执地认为，学校教育对于一个人的发展其中是利弊具在，特别是在当前这种高度体制化的教育背景之中，学校教育对于人的个性发展确实害处不少。那么，我们可以通过什么途径来弥补学校教育的这种缺失呢？一个重要的方式就是学校教育需要给个人的自由阅读提供可能的时间与空间，并且提供必要的引导。学校教育不能给予学生的，就应该想方设法开辟学生的自由空间，让学生的自主学习与发展真正成为可能。如果从这个视角而言，我们的教育改革在关注如何积极有为地教给学生各种知识、能力的同时，是否也该从消极无为的视角，从课程设置（比如开设阅读性的课程，像广西教育出版社出版的《新语文读本》就是很好的阅读文本）、教学引导（比如在教学中注重开放性问题的设计，引导学生富于探究性的个人阅读）、制度设计（比如仿效英法等国，给中小学生设计必要的阅读要求，并从学校课时、教学资源等方面予以保障），给学生以自由阅读所需的时间、空间与制度的保障，使得学生个人性的、非功利性的阅读真正成为可能？

"少年中国说"的文化气象

上午去岳王亭那边走走,看见一群学生正在进行"红歌声声献给党"的活动。在冬日的暖阳里,在山上成熟的深红翠绿的映衬之中,听着一首首经典的老歌,《十送红军》《龙的传人》等,确实还是别有一番滋味。

接着就听到了充满激情的"少年中国说":

"少年智则国智,少年富则国富,少年强则国强,少年独立则国独立,少年自由则国自由,少年进步则国进步,少年胜于欧洲,则国胜于欧洲,少年雄于地球,则国雄于地球。红日初升,其道大光;河出伏流,一泻汪洋;潜龙腾渊,鳞爪飞扬;乳虎啸谷,百兽震惶;鹰隼试翼,风尘吸张;奇花初胎,矞矞皇皇;干将发硎,有作其芒;天戴其苍,地履其黄;纵有千古,横有八荒;前途似海,来日方长。美哉,我少年中国,与天不老!壮哉,我中国少年,与国无疆!"

此刻,从年轻学子生命中传出的这些熟悉的文字,就像古典的黄铜所铸,圆润生动,丰姿绰约地来到我的眼前,让人止不住胸怀激荡。我深深地感染于梁启超那一代先行者的文化胸襟与卓越的心智。在那个年代,在那个我们小时候的教育中所谓黑暗的时代,一代巨子梁启超,敏锐地把目光投向整个世界与历史,鹰一般敏锐的眼光一下子就抓住了要害："少年强则国强"。跟今天此起彼伏的"以人为本"的口号相比，梁启超的声音无疑更胜一筹。尽管他的话语中不乏中国传统知识人的大国豪迈之情，但在那个年代，能如此振臂一呼，自然不失为"黄河之水天上来"，实乃是在传达一种新的文化气象，一种超越传统的迟暮沉沉的文化阴霾，而意欲重新焕发一个古来民族之凤凰再生的胸怀和气魄。

梁启超做"少年中国说"的时间是 1900 年 2 月 10 日，至今已百年有余。今日的中国早已不同于梁启超的时代，甚至已经可以不乏豪情地谈论国富民强。但仔细叩问，兹兹萦怀于国人的国富民强梦想中，我们的少年就真的已经强起来了吗？他们在哪些方面强起来了？我们是否还拥有梁启超的那种文化襟怀？问题可能远不是"有"或者"没有"了得。

周围的掌声油然响起，歌咏比赛可谓渐入高潮。也许，一次次地重温历史深处的经典，让那些黄铜般的声音撞击一下周遭拔地而起的红砖碧瓦、高楼大厦，这对于沉迷于富强梦幻之中的国人而言，难道不是一门不可或缺的功课？

超越平庸化生存：从拔牙谈起

因为有颗牙里面空了，几天前又裂开了，这段时间老是痛，今天，我终于决定去拔牙。首先去了市里面的口腔医院，因为去晚了一点，坐上去，还是没拔成。后面回来，在新民路口一家小医院的牙科试试，是两个年轻的医生，就在那里拔算了。第一个医生打了麻药后，在痛牙旁边折腾了半天，还是没有拔出来，另一位过来，几下就拔出来了。

我感觉，前后两个医生，差别实在很大。拔个牙齿，这是小事，人与人之间的差别尚且如此之大，我又想起了大事，比如开飞机。依我为数不多也不少的坐飞机经历，我发现坐不同的飞机，准确地说，是坐不同的飞行员开的飞机，那差别很大。感觉最明显的就是下降时，好的飞行员让人感觉非常平顺，尽管也会有些耳鸣、不舒服，但基本没特别不舒适感，滑行的时候也不觉得飞机左右颠簸，而是给人一种怡然自如的感觉。但技术稍差的飞行员，则可以明显感觉到飞机颠簸厉害，落地时飞机也有轻微摇摆，特别是后轮着地时有明显的冲撞感。当然，好歹这些飞行员都还是能安全飞行，不至于造成大的事故，但人与人之间的差别还是值得认真思考。

以我所熟悉的大学领域，其实也一样，同样是大学教师，同样是教授，同样是博士、硕士，人与人之间差别同样很大。由此可以不完全推论，整个社会，不同的岗位的不同行动品质，人与人之间差别都非常大。我们表面上说，不同的人做同一件事，其实都差不多，比如说当官，其实是大谬。即使是扫地，不同的人扫出来的结果也会不一样，何况像治理社会这样的大事。意识到这一点，乃是非常重要的。但更重要的不在于能否意识到这一点，而在于怎样在充分意识到这一点的前提下，尽量不至于劣币驱逐良币，而尽可能地让更优秀的人引领着不同的岗位，从而促进整个社会的优秀与进步。

为什么我们今天，冷不丁冒出一个重特大安全事故，死伤无数，就像今天，2008 年 4 月 28 日的凌晨，山东胶济铁路发生火车脱轨相撞事故，死伤数百？仔细思考，绝大多数事故，总是人祸大于天灾。而人祸的缘起，实际上早在我们把一个个的人安排到并不恰切的岗位上时已经埋下祸根。

这就必然涉及制度的改良。我们开口闭口的和谐社会，和谐社会治理的起点就是怎样让每个人依照不同的才具安排到不同的岗位，这其实就是柏拉图的理想国设计的基本意图之一。一种好的制度总是能尽可能地激励每个人最大限度地发挥自己的聪明才智，并且限制每个人的惰性，最优化地实现社会的和谐秩序；而一种不好的制度则是让真正的才智之士心有余而力不足，最终只能冷眼旁观，而平庸之士可以任意挥洒自己的平庸，甚至做了恶的事还可以尽量不承担责任，从而刺激社会的进一步平庸，甚至导致诸多本可避免却未能幸免的恶蔓延开来。

一种好的制度不一定能让平庸的变优秀，让优秀的变杰出，但一种不好的制度一定会让优秀的变平庸，让平庸的变恶劣。这是需要我们深深警惕的。

何谓班级民主管理

在实践中，我们通常会把班级民主管理约化为协商管理、制度管理，或者是学生的自我管理。仔细思考，其实协商管理、制度管理和学生的自我管理，都不能等同于班级民主管理。

第一，民主管理不等于协商管理。协商当然是民主管理的要义，但问题在于协商以什么为基础。按照杜威的民主教育实践，协商的基础乃是科学态度和科学方法，只有建立在科学态度与科学方法之上，也就是一开始就建立在理性的基础上，协商才会导致民主的实践。如果协商只是建立在对权威的认同，就会导致表面上的民主协商，实际上确是威权的实践。学生的共同参与只不过是迎合了班级管理背后的权威者，学生表面的民主实践不过是其背后教师的权威人格的实践而已。

第二，民主管理不等于制度管理。学生的发展是一个过程，班级管理并非一蹴而就，这意味着班级的民主管理，绝不是民主地弄一套并不能体现民主精神的制度就完事，而是必须使得整个班级管理的过程成为学生理性逐渐发展的过程，这意味着班级管理必须给学生以尝试错误的空间。对于未完成中的学生个体，一旦用太多规范的形式，就将他们尝试错误的空间大大压缩，尝试错误空间的缩减本身就意味着个体自由行动的空间，即人性的缩减，人的发展就被缩减成为预先所定的规矩。教育的目的应当是人，班级管理应该是给人提供充分的空间。正如作为民主理念重要代表的洛克在其《教育漫话》中所提到的，给孩子们的规矩应该越少越好，对他们习惯的养成，只能一条条做起来。那种事无巨细、一网打尽，把学生整个学校生活都规范起来的班级管理方法，除了削弱学生在班级生活中的生命活力，减少他们尝试错误的机会，就只能达到每个学生都被管住的目的。这也是杜威强调道德发展的过程应该是学生置身道德问题情境中主动探究、获得自我成长的过程。杜威的民主教育过程，其核心主要是两点：一是没有特定的道德标准，是一种开放的道德理念，是让个体获得自身的成长，而非达到个体对外在标准的契合；二是强调个体置于道德问题的情景中，通过对道德问题进行自由探究，而非对结论的简单认同作为个体道德发展的基本形式。正是开放的道德观和基于探究到的情景，促成个体自我的积极成长。

第三，班级民主管理也不等于自我管理。班级管理的目标确实是达到学生的自我管理，自我管理乃是民主管理的表现形式。问题在于，什么是自我管理，确切地说，什么是民主的自我管理？所谓自我管理，其目标并不是一味地自己管住自己，而是把自己的行为建立在自我理性基础上，也就是理性的自主，理性自主才是自我管理的灵魂，也就是民主管理的灵魂。惟其如此，我们才能在繁复的管理细节中，都能让每个人作为管理的目的而不是工具存在。正因为协商和班级规矩都建立在促进个体理性生长的目标之上，所谓班级民主管理的灵魂就清晰可见，那就是理性的生长。如果民主管理的目的就是如何管束住学生，让每个学生按预设的目标去执行，那么，鲁迅先生在《聪明人、傻子和奴才》中所写的奴才早就已经达到民主管理了。

所谓班级民主管理，并没有一个明确的定义，也很难有一个确定的模式。也许，开放性本身就是班级民主管理的核心。但有一点是确定无疑的，那就是班级管理实践只有上升到对班级管理最高目的的追求，也就是对每个人以其自身的健全发展为目的的追求，才是真正的民主管理。否则，新瓶装老酒，外表冠之以华丽的民主样式，而骨子里其实是奴性十足，与真正的民主管理南辕北辙。

必须超越技术主义

魏书生技术化的教育路径依然受不少人热捧，其中原因无非是两个，一是适应了当下教育现实，特别是应试化的教育现实的需要；二是我们的教师，或者说很大一部分教师并不热衷于思考，把自己的教育行动建立在自己的教育理念之上，而习惯于接受简便可行的教育行动方式，也就是拿来就可用的模式，而魏书生的教育思考正好迎合了这种需要。

撇开魏书生思考本身的内涵，但就其教育文字的操作性而言。阅读魏书生，获得的是操作指南式的指导，读者不用思考，只需按图索骥，照章办事。复杂的教育活动就这样在实践中不断被简化为模式化的教育行动。在这个意义上，魏书生的教育思想，确切地说是并无思想的教育思想，乃是在培养一个个"无声的教育奴隶"。

如果我们把教育看成是每个人独立的实践，那么对于作为读者、接受者的教师而言，在阅读、接受的过程中，所真正获得的应该是自己的思想，是个人置身复杂教育情境中的理性精神与审慎行动的教育能力，而不是对魏书生教育技术的遵从。正是基于拿来可用、无须深入思考的当下教育实践路径，魏书生的教育技术才得以畅通无阻地进入无数人的教育实践之中。

中国教育的改进必须有赖于每个教师都能真正成为拥有教育自觉意识的独立的教育实践者，从而在各自所亲历的教育情境中发挥自己的创造性，释放每个人的教育智慧，从而使得中国教育实践领域能够涌现无数个拥有自己的教育理念和教育风格的成熟的教师，而不是说来说去还是一个魏书生。

要真正启发教师自觉地主体意识，显然必须超越魏书生的技术化的教育思维模式。成熟的教育思考乃是启发性的，而不是灌输性的。唤起教育人的独立思考的意识与能力，这乃是教育理论工作者的天职，这是教育理论走向实践的根本落脚点。这也是我们今天理论研究者超越魏书生的根本之所在，那就是，在任何时候，都不要把自己、也不要把他人放在教主的位置上，我们所有的出发点，不管是教育理论研究还是教育实践本身，其根本目标都在于成全对方，而不是让对方成为自己的信徒，从而把自己摆在教主的位置之上。

如果我们把思考与写作也堪称是一种教育的行动，那么我们在任何时候，都应该是在启发潜在读者成熟的主体意识，而不是制造听话的奴隶。正如巴赫金所阐明的陀思妥耶夫斯基笔下的主人公，"他创造出来的不是无声的奴隶（如宙斯的创造），而是自由的人；这自由的人能够同自己的创造者并肩而立，能够不同意创造者的意见，甚至能够反抗他的意见。"①

---

① 巴赫金：《诗学与访谈》，第 4 页，石家庄，河北教育出版社，1998。

现代学校制度的生成与发展

　　一所优质的现代学校，离不开现代学校制度的生长生成。现代学校制度不仅是师生创造性的学校生活的产物，同时又是师生创造性的教学生活的保障。合理的学校制度，既可以成为师生学校活动的指南，又可以成为师生维护自身创造性的教学生活的凭据。

　　一所学校的学校制度的根本何在？或者说其根本的目的是什么？现代学校制度的建构并不是校长拿来用以管制师生员工的依据，当然它可以直接作为校长管理学校事务的依据，而且它同时也应是约束校长自身学校管理行为的依据。更重要的是，一种现代性的学校管理制度应该以激励学校人——包括校长在内的师生员工——的创造性生活的基本保证。现代学校制度的核心就是师生创造性的教育教学生活，是学校人优质的学校生活。怎样有效地激励、提升学校师生的教育生活质量，就成了一所学校制度建设的好坏的根本尺度。怎样建立以促进高质量的学校生活，以教学制度为中心，辅之以教研制度、学习制度、教师评价制度、学校民主决策制度等在内的现代学校制度体系，是以校为本的现代学校制度的基本内容。

　　以有效保障、维护师生创造性的教育生活为核心的现代学校制度的基本特征，从其出发点与归宿而言应该是以人为本的，从其产生的过程而言应该是民主的，从其与师生实际教学生活的联系而言应该是开放性的、充满激励性的，从制度建设的内在依据而言，应该充分体现自身经验与理性知识的结合，通过对自我发展经验的提升，把现代学校制度建立在现代知识和理性的基础上。现代学校制度的建立，一方面需要教育主观部门真正将校本管理落到实处，落实校长负责制，提高学校自身有效应对外在竞争和全面提升自我效能的能力；另一方面，作为学校内部而言，逐步形成"以人为本、行为规范、运转协调、公正透明、廉政高效的管理体制"，（《教育参考》2004 年第 1 期）充分育人为本、发展目标明确、法人制度健全、行家治校、组织管理科学、决策民主、学校与社会环境良性互动的现代学校管理特征。

现代学校制度从何而来？一所学校的学校制度之建立不应是少数人拍拍脑袋的即兴产物，它应该更多地体现全体学校人的教育教学需要，也能充分体现现代学校制度发展本身的要求。不仅如此，现代学校制度本身就应该是学校人创造性的教育生活的逐步积累和沉淀，而成为有效的制度，它是师生已有的优质教育生活的习惯化。以这种制度去维护师生创造性的学校生活，同时又使制度本身不故步自封，在相对稳定中又有所开放，能及时体现不断发展的学校生活的需要。保持学校制度本身的开放性和灵活性，打破家长制、一言堂，使制度本身也在不断生成与有序发展之中，这本身就是现代学校制度的关键之所在。

优质学校生活如何可能

随着现代技术理性对学校教育的不断渗透，学校教育越来越多地成了规范、高效的流水线上的技术流程，学校生活的诗意特征淡去，规训特征却更趋鲜明，比如电子监控设备对学校生活的强势干预就是典型例证。这不能不让我们思考，究竟什么是学校？学校生活的灵魂是什么？现代学校的关键为何？一所学校究竟应该从哪些关键性的因素着眼去建设现代的学校文化、培育优质的学校品格？这应当成为时下学校建设所关注的核心问题之一。优质的学校可能因为其不同的因素而优秀，我们很难用一把标准的尺子来衡量众多优质学校的优秀品质之所在。但作为一所置身现时代的优质学校而言，应该是以学校师生优质的学校生活为核心而表现出来的学校品格。

优质的学校生活意味着什么？学校生活的主体的学校人，即包括老师和学生，师生的学校生活质量是密切相关的；学校生活的基本内容是以文化知识的交流传递和个体精神的生长生成。优质的学校生活最基本的层面是在保障基本学校生活正常进行的基础上的学校人之间的相互尊重、彼此激励、积极交流、共同分享；优质学校生活的更高的目标则是学校人潜能的充分发挥，学校人积极向上的生存状态，以及学校活动中创造性的文化知识生活。优质学校生活如何可能？

提升办学理念　树立学校灵魂

苏霍姆林斯基曾在帕夫雷什中学的入口处留下校训：你们到这里来的唯一目的就是学会过有目的的生活。美国亚特兰大城附近多尔顿小镇的布鲁克伍德小学的校长汤姆·巴特勒这样说："在我们学校，每一个孩子都是独立的个体，是高贵和有价值的人。我们力争在我们的教学内容中反映这一理想。我们试图提供一种十分适合孩子的环境，在这里孩子受到尊重，从而取得良好的成绩。"①四川都江堰东郊一所叫蒲阳中心小学的简朴的墙上写着："让我们的孩子知道什么是幸福，并懂得如何追求幸福"。我们不能说这些话语中所折射出来的学校理念是否真正落实在各自的学校生活实践中，但至少表明，从苏霍姆林斯基，到汤姆·巴特勒，到那所简单的小学办学者，他们心中都有着对于自己如何办学的一种美好的期盼，并且或多或少，心中有着一种力量，引导学校人将其教育理想付诸学校生活实践。

学校理念一般简单而明了，但却涉及对学校存在的最重要问题的回答。学校理念表明的是一所学校存在的最根本、最重要的理由，是学校人对为什么要有学校，老师和学生为什么来到学校？学校存在的核心或者说本质是什么？学校人究竟应该以何种方式在学校中出场或者说生存？学校区别于其他社会活动场所的根本标志是什么？正因为学校理念是对学校存在最基本问题的回答，所以学校理念乃是学校人一切活动的指南针，直接成为学校管理、教师教学、学生学习等学校活动的准绳。它实际上涉及涵

①　杨东平主编：《教育：我们有话要说》，北京，中国社会科学出版社，1999。

括一所学校校长的办学理念和管理理念，学校教师的教育教学理念，学生的学习发展理念，以及校长与教师之间的交往、师生交往、生生交往的理念在内的一切学校活动的内在要求，可以说，学校理念贯穿于学校人整个的学校生活实践。一所学校是否成熟，是否现代化，看它是否有相对成熟的学校理念，应该说乃是最重要的标尺。学校理念是作为实体的学校存在的核心与灵魂。

学校理念并不是简单地从某处借鉴而来，也不是某个学校领导忽然间的奇思妙想，它来自学校人不断的探索、实践、积累、提炼，是学校人积极互动、共同尝试的产物，它乃是学校人集体积极自主的、创造性的教育生活的结晶。一旦形成，成熟的学校理念就成了整合学校内部不同机构、不同成员、不同阶段的黏合剂。正因为如此，一所学校的理念不仅写在墙上，而且挂在学校师生的嘴上，获得全体学校人的认同；不仅挂在学校人的嘴上，更实实在在地落实在全体学校人的生命实践之中，成为学校人学校生活——教师教的生活和学生学的生活——的内在精神。

现代的学校理念应该是开放的、多样的、个性的，但多样化的学校理念中渗透着基本的精神，那就是，一所现代学校的学校理念应当充分体现对人的尊重，师生彼此之间的信赖与期待，引领学校生活成为活生生的师生生命积极舒展、张扬的空间，从而使学校成为以育人为核心，以人的自由全面发展、以个体人格的生成与完善为基本指向的场所，使学校成为有内在灵魂的精神场域。当以尊严、自由、幸福等为基本价值要素的学校理念深深地融入学校人的生活习惯之中，它就成了学校人存在方式的表征，成为优质学校生活的内在保证。

建设学习校园　促进知识流动

　　基于以下理由，一所现代的学校需要教师自身在教学生的同时自己也不断接受教育：社会知识化的程度日益提升，知识的更新加快，这其中也包括作为教师所需要的教育教养性知识的更新；现代教育本身的发展，特别是转型中的我国基础教育，期待教师创造性的职业生活，也期待教师自身的知识转型；终身化教育时代教师个体自身的成长，也需要教师的不断地学习。知识生活是学校生活的基本内容，不断的、开放性的学习，是提升学校生活品质的基础。师生共同的学习，使学校成为活生生的知识流动的场域。

　　教师的学习既可以是个体性、自发的，同时也可以是集体性的、有组织的、系统的学习。对于一所成熟的现代学校，既充分保证教师的个体性的、自主的、个性化的学习空间和学习内容，同时又根据实际的需要，建立有组织的、多层次的小群体或大集体的学习，从而使学校成为以校为本的、以教师为主体的网状的学习型组织之所在。以教师为主体的学习，也包括校长的学习，甚至首先就应是校长的学习，现代的学校需要学习型的校长，不断提升自己的办学理念，扩充自己的知识视野，同时可能对教师的学习给予方向上的必要的引导与支持。

　　在学校网状学习型组织的建构中，教研组(室)是整个网络结构中最基本的单位，基于共同的教学内容与目标，教研组成员集体备课，相互交流，就相关热点难点问题共同探讨，充分发挥教研组在学习组织中的作用，使得教研组在学校学习型组织中成为最重要的组织形式。与此同时，把外面的专家、同行请进来，或者自己的老师走出去学习交流等集体性学习活动的组织也是学校学习型组织的重要形式。不仅如此，怎样充分发挥教师自身的积极性，积极鼓励、倡导教师平时个性化的自主性学习、阅读，从各自的学习兴趣爱好和教学实际出发，提高教师自身的整体素养，并给这种学习提供必要的条件，乃是学校网状学习型组织的基础性保障。正如苏霍姆林斯基所说："集体的智力财富之源首先在于教师的个人阅读。真正的教师是读书的爱好者：这是我校集体生活的一条金科玉律，而且已成为传统。"

学校学习型组织的建设一个基本的物质保障，就是图书室（馆）的建设，包括丰富的藏书积累，适合于教师学生阅读的及时的报纸杂志等的提供。好的图书室不仅为学生提供必要的学习场所，而且也为教师自身的学习提供良好的空间，同时，师生的共同学习可以营构出学校良好的学习氛围。"一所学校可能什么都齐全，但如果没有为了人的全面发展和丰富精神生活而必备的书……那就不能称其为学校。一所学校也可能缺少很多东西，可能在很多方面都简陋贫乏，但只要有书，有能为我们经常敞开世界之窗的书，那么，这就足以称得上是学校了。"没有现代化的高楼大厦也许不足以成为一所学校不够现代的依据，但没有丰富的图书积累则一定是一所学校不够现代的标准。正因为如此，"无限相信书籍的教育力量，是我们教育信仰的真谛之一。"丰富的图书世界不仅直接拓展了师生阅读的空间，实际上也无限拓展了学校存在的精神空间。

一所学校的好与坏，最重要的要素还是要看教师，高水平的教师，是一所优质学校的基本保证。而作为一所现代的学校，还需要高水平的教师是知识和观念不断更新的教师。既如此，怎样把学校建设成为多层次、多途径、多形式的网状学习型组织，就成了当前我们的现代学校建设的重要尺度。学校网状学习型组织的结构，在保证教师充分的自主学习、思考空间的同时，也使得学校教师能在集体性学习中获得充分的交流与共享，从而实现教师群体的共契，不仅发挥个别优秀教师的作用，而且使教师成为一个整体而发挥集体的作用，努力"打造一支优秀的教师专业队伍，营造一种教师能够比较轻松、和谐的专业的合作氛围，并在团队性的合作中分享经验，互相促动"，从而改变教师松散的、游离的学校生活状态，在教师的相互合作、交流、分享中促成每个教师自己专业理想的积极实现。这不仅是教师优质学校生活的重要内容，也直接影响着学生优质学校生活的可能。

守护文化资源　建设人文学校

福建南安成功中学的校友、著名作家刘再复先生在给母校75周年校庆题词中这样写道，"育我天籁，伴我远游，母校恰似长江碧流水；报汝清音，忆汝沧桑，襟抱常怀黄河赤子心"，一语道破学校留给学生的深情记忆。一所普通学校不仅是学生读书成长的地方，而且是一个人哺育人生的摇篮。怎样使学校生活成为一个人一生难以割舍的记忆，全面地渗透个人早年的心灵世界，这不能不成为今天学校建设的基本议题。一所学校的存在有三种基本的形态：一是物质形态，一是人在物质空间中的活动形态，还有一种就是超越物质形态和活动形态的人文形态。一所学校之所以能成为个人一生魂牵梦萦的记忆，决不仅仅是物质形态的校园跟对学生的影响，也是师生共同创造的活动形态的学校留给人的记忆，更是沉淀在学校各个方面的一种文化与精神的情结潜移默化地搭结在学生心灵的深处。

作为实体存在的学校场所是学校人优质生活如何可能的基本空间，学校作为育人为中心的基本场所，其存在的文化品格直接成为师生优质学校生活的依据。我们今天对于教育现代化的追求正在或者说已经陷于一种误区，认为唯有现代化的高楼大厦、高技术的现代教育设备和时髦的教育口号就是高然稳居于"现代教育"的门槛之上。学校是学校人过文化精神生活的地方，学校建设需要围绕学校文化品格的提升为基本内容。离开了学校文化内涵的孕育，缺少了文化精神的入渗，那些最先进的设备只能是的一堆豪华的器具，直白地说就是摆设。实际上，我们今天潜在地就有这样一种设定：教育的现代化，学校的现代化主要地就是教育条件的现代化。我们把教育的现代与否的依据归结于物性的，而不是人性的。在我们的观念中潜在的价值标准是：新就是现代。现代化的教育条件固然可以增进一所学校的现代气息，但仅靠现代化的技术条件的支持，最好的学校也不过没有灵魂的教育工厂。评价一所现代学校的标准应该远不只是新，准确地说，新既非充分条件，也不是必要条件。

学校是学校人生活的地方，是学校人"文化"地生活的地方，在那里，一批又一批、一代又一代的师生，凭借他们的情感和智慧，使一草一木，一砖一瓦，一张黑白照片，一本优雅的日记，一个破损的笔记本，一本发黄的备课本，都成为学校人真实而丰富的心智生活的见证，透露出学校丰富的历史文化信息，使作为

物的形式存在的学校成为活生生的学校人之生命活动的场域，使
学校超越单面的物的存在而成为立体的、繁复的文化生活的存
在，成为走出校门的学子们拳拳眷顾的心灵依恋，也使得后来者
们一走进学校之门，就是走进了一个活生生的丰富的文化场域，
自由地呼吸学校的历史文化的气息，不知不觉中把自身同化与学
校历史文化之中，使心灵受到全面的感染，这本身就是以文化精
神生活为核心的优质学校生活的基本内容。这种潜移默化的熏染
就成了个体接受课堂正规教育的基础，甚至它就是学校教育的至
关重要的组成部分。

　　正因为如此，学校的存在形式决不仅是物性的，而且是人文
的，甚至可以说，学校存在的本质属性就应该是属人的文化存
在，一种与师生共同成长与发展的生命有机体的存在。正是学校
生活中一草一木、一砖一瓦，学校师生学习、生活、工作中留下
的丝丝缕缕痕迹所透射出来的文化意味和生命气息，让学校不同
于工厂、商店，而成为育人的场域之所在，去昭示、敞开一颗颗
年轻的心，让他们自由、快乐、丰富、轻松地受到人生所需的全
面的孕育和启迪。这意味着学校在不断向前发展的同时，或许也
应该不时地回望过去，好好积累、珍惜学校历史之中留下的各种
显眼不显眼的足迹。一所学校的现代与否，并不是对传统的背
离，而恰恰可能是对学校自身传统的创造性守护。惟其守护传
统，才有创新的基础，才能增强、提升学校存在的历史文化品
格；惟其不断创造，才能融入时代，并使学校传统获得在现时代
的生机与活力。"问渠哪得清如许？为有源头活水来。"这句话就
道出了学校发展的奥秘，一要有"源头"，二要有"活水"。一所学

校的发展，那就是要守住自己的"源头活水"。

　　提升学校的文化存在品位，培育学校的文化立体感，提升学校优质生活的内涵，我们可以通过引进既有的文化资源，比如图书馆、历史文化名人的塑像、其他文化景点的布置等；但我们不要忘了另一条重要的途径，一条并不需要多大发费，任何学校都能做到的途径，乃是学校自身历史资源的累积。在忙于打造学校品牌、提升学校知名度的今天，我们一方面热衷于延长学校的历史年限，但另一方面我们却看不到学校历史长久的任何痕迹，学校的历史终究只是数字的历史，而不是活生生的学校文化存在的历史，有等于无。既然如此，我们在想方设法改进学校的办学条件，用成堆的金钱打造学校的富丽堂皇之时，我们是不是也要在建设学校的立体的历史文化的氛围上多下点功夫，真正让学校成为一个立体的历史文化场域，成为一批又一批、一辈又一辈的老师、学生心灵眷恋之所在？

完善学校制度　确保优质生活

　　一所优质的现代学校，离不开现代学校制度的生长生成。现代学校制度不仅是师生创造性的学校生活的产物，同时又是师生创造性的教学生活的保障。合理的学校制度，既可以成为师生学校活动的指南，又可以成为师生维护自身创造性的教学生活的凭据。

　　一所学校的学校制度的根本何在？或者说其根本的目的是什么？现代学校制度的建构并不是校长拿来用以管制师生员工的依据，当然它可以直接作为校长管理学校事务的依据，而且它同时也应是约束校长自身学校管理行为的依据。更重要的是，一种现代性的学校管理制度应该以激励学校人——包括校长在内的师生员工——的创造性学校生活的基本保证。现代学校制度的核心就是师生创造性的教育教学生活，是学校人的优质学校生活。怎样有效地激励、提升学校师生的教育生活质量，就成了一所学校制度建设的好坏的根本尺度。怎样建立以促进高质量的学校生活，以教学制度为中心，辅之以教研制度、学习制度、教师评价制度、学校民主决策制度等在内的现代学校制度体系，是以校为本的现代学校制度的基本内容。

以有效保障、维护师生创造性的教育生活为核心的现代学校制度的基本特征，从其出发点与归宿而言应该是以人为本的，从其产生的过程而言应该是民主的，从其与师生实际教学生活的联系而言应该是开放性的、充满激励性的，从制度建设的内在依据而言，应该充分体现自身经验与理性知识的结合，通过对自我发展经验的提升，把现代学校制度建立在现代知识和理性的基础上。现代学校制度的建立，一方面，需要教育主观部门真正将校本管理落到实处，落实校长负责制，提高学校自身有效应对外在竞争和全面提升自我效能的能力；另一方面，作为学校内部而言，逐步形成"以人为本、行为规范、运转协调、公正透明、廉政高效的管理体制"，① 充分育人为本、发展目标明确、法人制度健全、行家治校、组织管理科学、决策民主、学校与社会环境良性互动的现代学校管理特征。

---

① 朱怡华：《聚焦现代学校制度》，载《教育参考》，2004(1)：4。

现代学校制度从何而来？一所学校的学校制度之建立不应是少数人拍拍脑袋的即兴产物，它应该更多地体现全体学校人的教育教学需要，也能充分体现现代学校制度发展本身的要求。不仅如此，现代学校制度本身就应该是学校人创造性的教育生活的逐步积累和沉淀，而成为有效的制度，它是师生已有的优质教育生活的习惯化。以这种制度去维护师生创造性的学校生活，同时又使制度本身不故步自封，在相对稳定中又有所开放，能及时体现不断发展的学校生活的需要。保持学校制度本身的开放性和灵活性，打破家长制、一言堂，使制度本身也在不断生成与有序发展之中，这本身就是现代学校制度的关键之所在。

明德树人的背景与意义

2010 年暑假，长沙高新区麓谷明德学校筹办之中，学校邀请我讨论办学定位的问题，我当时根据明德中学的历史、当前中学教育的办学方向与教育长远发展的根本目标，从百年明德以及"大学之道，在明明德，在亲民，在止于至善"和"十年树木，百年树人"的古训，提出明德树人作为学校的办学理念，随即该理念被作为明德教育集团的整体办学指导思想。今天是应学校邀请，再一次来阐释明德树人的背景与含义。

孔夫子早就说到明德的含义，明德要明什么之德？就是要明孔老夫子他们所开创的个体成人之德。孔老夫子说，君子人格三大德：智、仁、勇。智者立仁。智，就是智慧，只有有智慧的人才能真正地理解仁德，实践仁德。一个人仅仅有仁爱之心，而没有智慧，那是行之不远，所以要以"智"为基础，"仁勇"结合。我们今天培养学生"德智体美"全面发展，"德智体"的表达更多关注是一种可测评的素质结构，特别是在我们今天的学校教育当中，德打多少分，智打多少分，体打多少分，变成了一种纯粹的静态的素质结构，而孔子的"智仁勇"强调的是关系，是关联。智关联的是人与世界，人与道；仁关联的是人与人，勇关联的是人在社会实践当中所需要的一种品质，正如孟子所说的"我善养吾浩然之气"，把个体成人放在天地之间。而我们今天很大的问题就是狭隘，我们把个体成人仅仅放在一个升学、一个考虑个人利益的狭小的空间里面，缺少"智仁勇"的大度，缺少担当天下的大度，缺少一种人的完整的气象。我特别欣赏一个词——生命气象。人是需要一点气象的，他不仅仅是一个物，不是你所看到的物现在的样子。这是一张桌子，就是这个样。人不一样，他还可以超越自己的形体，体现出人格的魅力。对孩子的精神气象的引领真的是至关重要。

我们这个社会在个人成人上出现了问题。以孔子为代表的传统的先贤给我们的启发是，把我们个体成人放在天地、家国广阔的背景上。"智仁勇"都是一种活生生的实践的品质，但是今天的教育、今天的社会越来越多地压缩了个体成人的空间，让人在一个狭小的空间里面成长。我们现在很多人是成器，而不是成人。我们提出，明德树人就是要明高明之德，要以树人为己任，培育健全的个体，培育健全的时代公民为己任。怎么样培养？很显然，如果我们仅仅还只是在传统狭小的空间里面是没有办法的。

一个人的心灵有多宽，他的人格才有多宽。我们一定要拓展个体的成人精神视野，要让孩子们在我们的学科教学、在我们的学校空间里面更多地有天地的情怀，有家国一体的情怀。

明德树人的含义之一：树人以"明德"

我们今天"明德树人"，一个非常重要的含义就是要让我们的学生知"道"，"明""德"。这里的"明"是个动词，是要明人生之德，要明晰自己人生发展的目标。说白了，就是要让学生明白，这一辈子为什么而读书。当年周恩来立志为中华之崛起而读书，放在当前的中学生也许有点不当，但是体现了他那个时代的气象。我们今天的孩子当然也可以为了改变个人的命运而读书，但更重要的是要让他们明白这并不是唯一，应该还有更高的目标，要有一种经国济世的情怀，不应该躲在自己的利益空间当中。这就是我们当下最重要的一个问题，怎么以当下的学校教育扩展孩子们的精神气象。我们一定要引导我们的孩子们明德以树人，只有当他们明白了这个人生之德，学习之德，中学生发展之德，他们才能更好地发展，这个学校才能有气象。这里我想就培养中学生健全的生命气象谈两点。

第一，我们要重新思考中学教育的价值秩序。在引导学生时，我们要创造一种什么样的价值理念？五个词。

第一个词：健康。健康是第一位的，我们任何时候都不能以牺牲健康为代价来换取学生的高考成绩，这是费力不讨好。我们中国有句古话是"吃得苦中苦，方为人上人"。现在我很怀疑，当一个人从小就吃了很多苦之后，当他做了人之后，或者说是人上人之后，他就一定会有根深蒂固的特权思想，必定有难以满足的补偿心理。你看我过去都是苦着过来的，我的一切都是靠我自己争取来的，一切都是应得的，他就不会有一种经国济世、报效祖国、奉献的情怀。所以，"吃得苦中苦，方为人上人"是一种典型的封建话语的表达。教育是需要吃苦，但并不是要我们吃苦中苦，而是要在教育中找到一种乐趣。

第二个词：快乐。快乐意味着不管是课堂教学，还是体育活动，包括德育活动，首先就是要让学生找到快乐。比如说这个学生犯了错误，你找他来谈话，首要的就是要让他的心里没有阻碍，要勾销他心里面的矛盾，要让他找到亲熟感（亲近和熟悉），一定要让他很轻松地和你在一起。这样的话，教育才真正发生。只有当处于放松的状态，他的身心潜能才可能被调动起来，才可能让他自己的每一个毛孔进入当下，来感受当下的每一个信息。要让他充分地进入现场，感受各种各样的信息。这就是教育的秘诀，就是要让学生快乐地进入学习，快乐地进入师生交往的情景当中。当然不同的阶段有不同的快乐。幼儿园时是一种感性的快乐，中学生理智比较成熟了，他的快乐可以说是一种更高层次的快乐。这里面也涉及一个学校的美育的问题。美育的意义就是要给孩子们快乐的启迪。我想，一个人有一点审美爱好，这不仅仅是让他有审美的情趣，让他今后在这个方面有一点成就，这个是次要的。有一种爱美的心灵，让他保持一种爱美的身心状态。美感是一种润滑剂，让人与人之间的交往充满意义，充满快乐，有一种乐趣。

第三个词：德性。要立德，就是要让孩子们有健全的德行。

为什么要把德放在第三，中间位置。这所谓的德，就是一个人要有健全的品德，一定是建立在他健康的身体和快乐的生命体验之上，这对一个人的德行培养是非常重要的。德行建立在一个人健康的生命和快乐的生命体验之上，这样的人更容易成为一个有道德的人。以体和美作为基础，德育就有了丰富的资源，这就意味着我们学校的德育可以转换成体育和美育的形式。它们是相互促进。品德是非常重要的，但是建立在健康和快乐之上的德才更牢靠，更健全。我们现在讲师德，我很不喜欢硬是让一个老师病倒在讲台上。有病了硬是还在上课，家里的小孩病了也不管，这是一种变态的教师人格。教师生活应该是健康的，生病了当然就必须去就医，小病是另外一回事情。我们应该给孩子们一种示范，每一个人都应该活得健康，活得健全，活得充实，活得阳光。我们要给学生以正能量，那么首先我们老师必须要有正能量，我们站在学生面前，就是一种人格的示范。哪怕是到了最困难的时候，我们也可以让自己活得阳光一点，健康一点。这是明生命之德。

第四个词：学业。学业意味着要有学习的目标。第一是我们"坚苦真诚"的坚，第二是学习的兴趣，第三是学习的方式，第四才是学习的成绩。学业里面也有价值系统，兴趣为先，方法为核心，成绩只不过是最后一个自然的结果。我们看到考得很好的孩子，都有一个目标，能够不断地激励自己，让自己的潜能不断地发挥出来。所以，"坚苦真诚"的这个"坚"是非常重要的，一个人有一个坚定的目标，就会让自己的潜能发挥出来，就不会让自己局限于一时的情绪，每时每刻都能保持一种比较强旺的学习状态。

第五个词：个性。当一个孩子有了健康、快乐、德行和学业之后，才谈得上完整的个性，谈得上他的独立性和特殊性。我们既强调个性的独特性，也强调一个人的个性是建立在这完整的秩序之上，有了学业和德行，他的个性想怎么样都行，这个时候他可以标新立异，可以成为独特的自我。当然个性首先是完整性，然后是特殊性，是两者的结果，个性是自然而成的。个性不是一个独特的东西，无非是你健康、快乐，在体育、美育之中所形成的一种生命整体状态。

上面是我今天讲到的明德树人的第一点。那就是要重新树立我们中学生的生命之德的五个关键词，要让每个学生意识到怎么样来呵护我自己，我要努力让自己健康，自己快乐，以此为基础来树立健全的德行。有了身体、快乐、德行，我就发展自己的学业，我的学业要有自己的兴趣，自己的方向，然后才会有成绩，然后最后才意识到我的个性要有完整性，要有独特性，要有一个健全的中学生的气象。

德不是教出来的，现在我们上课教学生诚实、友爱、正义，简单的教是教不出来的。教育是一种回忆，回忆他过去的生活。德是活出来，这里有一种活法和说法的问题。我们上课是一种说法，如果没有以孩子们的活法为基础，这个说法是没有内容的，是空的。我们今天的"明德树人"也是一样的，是一种说法，只有当它成为我们的活法的时候，它才真正成为我们学校的精神，让我们的每一个学生都明白什么叫明德树人。在我们学校的每一个方面都体现明德树人，这样就变成了我们学校的活法。所以，德一定是要以活法为基础，唯有当我们引导中学生有健全的活法，健全的生活方式，他们才有可能有健全的中学生之德。这也是为什么我们强调健康、快乐、充实的中学生活体验作为的中学环境。我们要把明德树人渗透成为我们日常的生活方式，学校里面到处要体现这种激扬的生命理想。

这是我们讲明德树人最重要的一点，那就是怎么样以明德树人为目标，也就是培养学生以高明的德性，怎么样让我们的中学明确自己的德，明白自己的德，树立自己高明高远的德，怎么样让他们在开阔的世界、社会背景之中树立自己的人生目标。一定要让他们有开阔的胸怀和视野。

明德树人的含义之二：以"明德"来树人

我们老师先要明德，然后再去树人。前面讲的是目标，这里讲的是路径。这一层面的明德，我把它概括成四个方面，就是我们的老师们要明什么德。在我看来要明四个德。

首先，当然是要明明德之德，要明历史上的明德的德行，要明历史上的一直延续到今天的，包括不断在创新着的明德精神。我们每一个人都应该融汇到这种明德精神里面去。

第一，我们选择当老师，特别是我们在座的年轻老师，应该意识到选择当老师的难，绝不是那么的容易。我曾经也讲到过这个问题，我说当老师有一个难易的辩证法，仅仅只是在教学的方法、教学的姿态、教学的基本知识的流程的掌握上面，越来越容易，换言之，在技术层面当老师越来越容易。有了三五年你站在讲台上没一点问题。但当我们意识到当老师要担当学生成人，引领学生的精神发展，要真正明德树人的时候，当老师真的很难。一个真正成熟的老师，他内心会越来越意识教育的艰难，并且会去担当这种教学的艰难。一个成熟的男人是你明明知道这个问题很难，但依然默默地坚持去担当这种难。这就是担当，我们内心之中要有这种担当。我们真的要担当明德树人，真的是不容易，从内心意识到这种教育的艰难。正因为如此，我们才知道教育是磨血之事。我们通过一天的努力是解决不了问题的，一定要持之以恒。我们要意识到教育孩子很难，健全成人太难。

第二，明教育之德，特别是当代教育之德。今日教育之德当然是很多很多，包括教育的民主化，我们强调是以立德树人为中心。人有一点小聪明是很容易的，但要让一个人变得善良真的是很难。我们今天教育的整个问题就是使人聪明的教育，不是一种使人良善的教育。我们每个人都成了精致的利己主义者。我想，明今日教育之德，就是要重新树立人生的价值秩序，要以良善来引领聪明，要真的是以树人作为教育的根本。每个好学生与差学生我们都要一视同仁。教育是长远的事业，十年树木，百年树人。我们一定要立足于长远，立足于孩子们终身的发展来引领他们的当下。能够让学生有开阔的眼光，就是明了教育之德。

第三，明为师之德。其实，作为教师，有的时候，真的只是一点点差异，就体现出很大的不同。任何时候，哪怕是你面对学生调皮的时候，你怎么样体现出你老师的智慧。老师要引导学生，教育学生，要让学生成为健康的人，要让他们知道应该怎么做，这就是教师之德。

有一次在教育硕士答辩的时候，一个学生的论文写得真的不是很好，我批评了一通。后面我们老师在议论的时候，一个老师告诉我，他看了一下这个学生的后记，那个后记里面表示那个女老师得了癌症，有几年了，他是在指导老师和系里研究生办的老师的关心下，才有勇气把这个论文完成。我打开他的后记一看，真的是这样。后来当他进来的时候，我就对他说对不起。我没有立足于学生的实际加以引导，仅仅是对他一面的了解，这样的话，我对他的评价就不是在促进他，很有可能是在抑制他。这件事情让我反思，教师的为师之德，教师任何时候都是活在师生关系当中的。任何时候你面对学生说话，你一定要立足师生关系来思考，要立足于你的话对学生来说意味着什么，会给学生带来什么样的反映来思考。我们的为师之德是在任何时候都要置身于学生的发展来调整，思考我们的言行，而不是简单地为了图一时之快。我有一句话，教师在学生面前不仅仅是展现你的才华，你的才华要变成学生的才华，这才是真正的教学，这才是好的教学。最好的教学是激励学生，让学生展现他们自己的才华，呈现健全的中学生的生命气象。教师是向着学生的生命显现，你站在学生面前，站在讲台上，你的价值是什么？就是怎么样向学生显现你的生命，由此来引导学生，激励学生。这就是重要的为师之德，向着学生而生活在师生关系之间。大家会说，那岂不是不要自己了吗？不是这样的，我们要意识到老师的生命价值是通过学生来显现的。唯有我们自身关注自身，让自己活得健全，我们才能更好地引导学生。这就是我前面讲的，我们要有更多的正能量才能引导学生，才能让学生也活在正能量当中。

第四，明生命之德，在我看来，这是明德的最重要的一点，是最高的德性。我们每一个人既是明德人，又是教育人，又是教师，但是更重要的我们是人。我们要明白人的德性，明生命的德性。我们生命的德性，很重要的还是要重温"天行健，君子以自强不息"。我们的自强不息，当然，一是加强锻炼，保持健康的身体状态。一定要锻炼我们的身体，保持健康的生活方式。这样的话，让我们在学生面前保持健康的姿态才有了基础。二是要多读书，多学习，保持健康的、活泼的心灵。读书不仅仅要读一些相关的书，也要读一点不相关的书，教语文的并不是只要读语文，也要读一点科学、哲学等方面的书。读书的目的，一是直接为教学服务，二是保持活跃的心灵生活。一定要每天读书，哪怕是十分钟、五分钟，不管是到哪里，哪怕是去旅游，也要带一本书。每天读那么一下，睡前读那么一下。读书就是保持活跃的心灵生活。我们一方面要保持健康活跃的身体状态，另一方面要保持健康活跃的心灵状态。只有这样，我们才能以更多的正能量来影响学生。"质胜文则野，文胜质则史"，文质彬彬，然后君子。我们给学生的示范是文质彬彬。文质彬彬不是文彬彬，我们中国更多的是讲文彬彬，这样的话就太迂腐，没有一种质。要文和质和谐，质是你的天性。我们作为一个老师，怎么样还依然能够保留一点质朴之心，保留一点童心，这恰恰是我们走向学生生命教育的通道。只有我们拥有更多的质朴之心，我们才能更好地走近学生，走向教育。

我现在特别强调教育要以本真的生命进入课堂，以本真的生命进入学生交往。当我们以健全的生命之德，以质朴的生命之德进入学生，同时我们又以知识的追求进入学生的话，我们对于学生的影响就不仅仅是教学的，更重要的是生命的。

该给孩子什么样的班级生活

一、什么样的班才是好班

基于规训的班级生活往往难以给孩子们的人生留下美好而生动的记忆，它不过是这个阶段不得不承受的过程而已。

记者：在采访中，我常常会碰到这样一些问题。一个有着校级优秀班、省级优秀班名头的班级，可孩子们会告诉我，老师管得严、学得累，不喜欢班级的生活。而有的孩子，在小学时是出名的调皮鬼，也在我们常说的差班中，但他却喜欢老师、热爱班级。长大后，他成了最优秀的学生。我就在想，到底什么样的班级才是好班？显然，学校、老师、学生的标准常常不同。

刘铁芳：这里实际上存在着双重视角或者说双重标准的差异问题。首先是以优秀班级评选为代表的社会标准。通常一个所谓的优秀班集体主要表现为现行教育标准基础上的优秀，核心标准无非是两条，一是成绩好，主要是学业成绩，还有各种竞赛所体现出来的其他成绩；二是合乎规范，包括对各项学校标准的执行以及在各种量化评价中的优秀。

其次是以学生自身为基础的评价标准，也就是学生对班级生活的自我认同。基于学生标准的班级生活，说白了，其核心内容就是一个，那就是每个学生都能在班级生活中找到快乐，获得良好的自我认同与群体认同。

显然，之所以会出现你说的这种情况，正是因为目前的班级生活标准并不完全是基于儿童立场的，主要体现的还是以社会要求为本位的评价标准。所以，即使是省级优秀班集体，也并不意味着该班级的孩子们真正有着充实而健全的班级生活。

记者：量化的评价方式有着太多的条条框框，让班主任不得不"严管"。谢维和老师在《论班级活动中的管理主义倾向》中指出，学校教育和班级活动中出现的管理主义倾向忽视了学校中教育管理与一般管理活动的区别，特别是忽视了班级活动中管理的特点，其结果只能是适得其反，不仅不能促进班级的建设，反而会影响青少年学生的健康发展，特别是影响青少年学生的个性发展与创新意识的培养。

刘铁芳：为了更高的效率，所以我们必须遵守纪律与规则。但效率又是为了什么呢？这里就有一个根本性的问题，班级生活并不是为了评价而开展，或者说真正的班级生活是不能简单评价的。即使要评价，评价的主体也只能是班级中的孩子自身。管理是为了班级生活的促进，而不是相反，班级生活是为了达成管理的效率。班级管理必须指向更高的目标，班级生活必须是开放的。

我们需要思考的是，班级生活对于孩子们究竟意味着什么，在他们的人生历程之中留下什么样的印痕。那种基于规训的班级生活，往往难以给孩子们的人生留下美好而生动的记忆，班级生活对于他们而言，不过是这个阶段不得不承受的过程而已。

这里我再提出一个观点，那就是我们必须整体地反思当下的班级管理秩序，重新理解班级生活。班级管理的超越必须是整体的超越，而陷于当下的班级认知模式和话语模式，实际上，我们很难避免班级生活的对象化。学生不过是"被班级生活"，而无法真正成为班级生活的主体，他们只能按图索骥，在预先给定的优秀班级模式中成长。

二、谁才是优秀的班主任

教育必须立足于未来，立足于孩子们长远的生命发展。而不能把孩子们当成工具，包括父母的工具、班主任的工具、学校的工具。

记者：我们总是用成绩来判断班主任的工作，成绩越好，证明你越是一个优秀的班主任。为了取得更好的成绩，不少班主任选择实行高压管理。他们认为班级必须建立在高度的规范之中，否则，班级秩序就无法维持，基本的教学任务无法完成。在这种理念下，其实，班主任的工作非常辛苦，事无巨细，疲于管理。

刘铁芳：以管理和成绩为中心的班级管理理念，显然离不开班主任的诸种细致规范。他们疲于应付不停出现的管理问题，所以那种技术化的管理模式就大受推崇，原因就在这里，它实用，而且管用。

家长、学校认为非常认真负责的班主任就是优秀的班主任，这只能说明教育改革的现实处境。我们的教育必须立足于未来，立足于孩子们长远的生命发展。说得更透彻一点，我们不能把孩子们当成工具，包括父母的工具、教师的工具、学校的工具。他们也不是优秀班集体的工具，他们必须是作为良好班级生活的主体而存在，班级生活首先指向的是他们自身，他们才是良好班级生活的根本目的。

记者：是这样，我们往往喜欢按照大人们的意愿去培养孩子，让他们成为我们脑海中的那个模样，而不是他自己。日本学者尾关周二对学校教育中的"管理主义"曾经有过分析和批评。"因此最重要的是，我们必须认识到，孩子们在成年人规定的框框内进行游戏，由于伙伴间相互交往感到紧张，削弱了交流的气氛，这很可能失去游戏的精华（当然，我并不想否定一般的指导，但更值得讨论的是关于现代的'指导'内容）。"

刘铁芳：你说得很对，孩子必须成为他们自己。当然，他们也是需要引导的，但这种引导绝不能是强制的，而必须基于内在的理解，这样的班主任才是优秀的班主任。

有些老师也以为自己是在引导孩子，可实际上却是在发号施令。这意味着教育的问题归根结底还是教师的素质问题，是教师的学生观、教育观问题。我们的班主任，包括我们的父母，实际上都还远未习得一种认真倾听孩子意愿的姿态，我们习惯的是摆出居高临下的教训姿态，在无原则的爱中抹去孩子的独立性。

虽然我们这样去从事班级管理，但仍然很难达到让每个孩子都变成我们所期待的人，正如我们眼下的规训模式同样不能让每个孩子都获得想象中的成功，反而还可能抑制他们的长远发展。

尾关周二的话可谓抓住了我们成人世界与儿童世界之间交往的关键性问题。我们是一个不会游戏的民族，习惯于给定的成人化教师身份，缺少游戏的心态和对游戏的必要理解，教师很难真正融入儿童的世界之中，难以和他们一起"游戏"班级生活。我们习惯于动不动就指导、教训，或者包办代替，孩子的独立性和自主性就在我们的"好心的"管理中消失。我们管得越多，这种独立性和自主性就越少。

三、个性与规范，哪个更重要

当人性中最优秀的部分被激发出来之后，一个人的自我认识就会得到充分的扩展，伴随其中的问题也会逐渐被引导到良好的方向。

记者：刘老师，我想请教一个特别现实的问题。举个例子吧，班上有个孩子特别渴望表现与认同。课堂上，他接话茬、搞怪，并且非要让老师提问自己，表达他自己的离课堂似乎有点远的观点，而且屡屡这样。他扰乱了老师正常的教学，传出去，就会有人指责班主任无能，连个孩子都管不好。这种情况您认为该怎么办呢？这也是班主任经常备受煎熬的问题。管还是不管，给他个性的空间，还是严格规范，保证大家的利益？

刘铁芳：这个学生应该是个好学生，不过社会评价标准不容罢了。当然，有限的课堂容不得学生过度的自我舒展。这里的改变路径实际上是两个方面：在课堂上给予学生必要的自由表现的时间和机会，同时也要让他们习得彼此尊重，互相理解。比如，在课后，班主任可以通过谈话，让学生就某个教学主题畅所欲言，或者跟学生一起讨论怎样让课堂活跃的同时，也保证他人的权利，共同践行优良的课堂生活。

管理的最高目标应当是激发人性中最卓越的部分，而不是将工作中心放在一味抑制学生的表现，或把学生的个性动辄贬以不好的名义。当人性中最优秀的部分被激发出来之后，一个人的自我认识就会得到充分的扩展，伴随其中的问题也会逐渐被引导到良好的方向。

在这种舒展中，总有似乎不合序的枝蔓，但只要在大方向上是基于成长的，教师就应当拿出勇气来，鼓励学生的自由发展，而不必急切地去修剪这些枝蔓。而且必须让学生充分展现自我，包括可能的缺点和不足，让他们在尝试错误中不断地发现自我，调整自我，从而促成学生个体的自我教育。对于一时的弱点，简单消灭不是办法。

我所追求的是在坚守一种恰切的教育情怀和教育理想的基础上，运用必要的教育技术，而不是技术主义。这里的重点不在于技术，而是对教育，特别是对儿童发展的内在理解，从而为教师个人的教育行动提供一种努力的方向，具体的技术与策略需要因境而异。正因为如此，我这里所谈的不是简单的技术，更不是技术主义。

记者：可操作性技术与技术主义，如何区分这两个概念？

刘铁芳：我最近写了篇文章，提出日常教育生活的价值觉悟，也就是对教育行为进行必要的价值反思，确立日常教育生活的内在价值秩序。

在这里，技术的必要性和技术主义的差异就出来了。所谓技术主义就是操作性教育行为的目的指向的不过是管理本身，而不是管理之上的更高价值，不是儿童健全人格的生成，从而使得班级管理技术的指向更多地停留在管理本身，在于管理的效率，也就是管住学生。这正是我们需要反思和警惕的，教育在任何时候都应该以学生发展为目的，管理本身并不是目的。我们当然需要教育技术，但必须有更高的价值追求，才能避免教育技术成为控制的技艺。

必须明确的是，规范只能是一个暂时的过程和阶段，一个过渡，而不能成为一个最高目标。在暂时的规范后，应当深入学生的心灵世界，引导他们找到自己的生长点，然后提供相对宽松的平台，让这种生长点在这个宽广的平台上自由舒展。

四、自我与被认可，应改变谁

重建班级生活的一个基本出发点就是弱化班级的管理特性，凸显班级的生活特性，使班级成为学生生活得以展开、生命获得激励的空间。

记者：班级中，谁能得到认可？有时班主任喜欢、信任的班干部未必会受到同学们的欢迎。同学们会认为这个人是老师的眼线。而在班级换届选举中得票最高的孩子，也会因为班主任不喜欢、不信任而不能成为班干部。

刘铁芳：这个问题同样根源于前面所谈及的班级管理的被强化，班主任充当了班级的居高临下者，而不是班级生活的促进者。

问题的解决需要双重路径：一是改变班主任的班干部随意任免意识，增强班级民主管理的成分；二是弱化班级管理本身，避免社会的官本位意识过早地渗透在孩子们的身上。把班干部都看成是班级生活的组织和协调者，而非管理者，促成班干部与其他同学的平等身份。这样就可以采用轮流制，或者谁想当就可以让他来尝试。

记者：不同的班主任有不同的管理风格，这可能基于这位教师的经历、认知与偏好。现实中，当孩子的风格与班主任的风格相冲突时，孩子会为了迎合班主任而改变自己，尽管这非常痛苦。换句话说，孩子是在碰运气，期望能碰到偏好自己这种类型的班主任。

刘铁芳：如果说孩子们是通过合适的班级生活平台，积极表现，赢得班主任的认可，这当然是正当的；如果孩子们是曲意表现，迎合班主任，那还是值得斟酌的。这里的另一个问题就是，班主任怎样积极拓展能让每个学生展现自我的平台，尊重每个孩子的努力。我们提出重建班级生活，一个基本的出发点就是弱化班级的管理特性，凸显班级的生活特性，使班级成为学生生活得以展开、生命获得激励的空间。

就目前而言，根本的任务还是在于重新甄定班级生活的性质，让班级成为师生公共生活场域，尽可能地给予每个孩子以展现自我的机会。这意味着我们要弱化班主任的管理意识，以便更好地理解、贴近、引导学生发展的现实需要，而不是一味地使学生服从自己的管理风格。当然，学生同样是需要改变的，只是他们的改变并不是指向班主任的管理风格，而是指向自我发展的现实需要，指向学生发展的内在可能性。

五、你对班级的影响有多大

一种真正优良的班级生活和一种恶劣的班级生活一定会对孩子们的一生发展发生根本性的影响。

记者：换一个角度思考，班主任对班级生活的影响到底有多大？其实，班主任对班级的认识时常会有盲区，但很多班主任却不自知。由于认识不到位，会导致班主任的管理发生偏差。而这种偏差又会带来多少问题？

刘铁芳：这个问题很复杂。如果用一句话来概括，可以这样说，一种平庸的班级生活不会对孩子们的心灵世界发生多大的影响，最多也就是造成孩子们平庸生活姿态的自然延续；而一种真正优良的班级生活和一种恶劣的班级生活一定会对孩子们的一生发展发生根本性的影响，在他们的人生历程之中留下不可磨灭的印记。

在这个意义上，如果我们不能给孩子们以好的教育影响，那么我们完全可以在确立基本的班级生活规则的基础上给予他们更多的自由，促进这种自由，让他们的天性在班级中得到必要的呵护。一个人的内心画上了不好的印记，要比留下一张白纸更差。所以，当我们不能教好的时候，还是尽量多留些空白吧。

任何教育工作都不应该是一种盲目、随意、任性的工作，而应该是基于个人对教育目标的清醒的意识，从而使得个人的教育行动建立在对该行动所欲达成的教育目标之上。须提高班主任的班级管理水平，调整自己置身班级生活中的角色，引导班级生活的活泼、健康、向上，这些是当下班主任工作提升的基础。

记者：我碰到过这样的案例。前两天，有个妈妈跟我说，过年了，孩子准备给老师送个小礼物以表达谢意。但是孩子只愿意给数学老师送礼，却不愿意给同一个办公室的语文老师兼班主任送礼物。原因是班主任太喜欢班里的一个学生，总是偏向她，所以孩子不喜欢班主任。我很难想象，班主任给孩子带来了多大的伤害。

刘铁芳：这里涉及的就是班级生活的整体性，也就是教师自身必须平等地作为班级生活的一部分，所以教师自身的教育生活品质本身就是班级生活品质的基础和内容。这就是所谓身教重于言教的要义之所在。你要让学生理解公正、良善、美好，你就要力求使你的教师生活显现出公正、良善、美好的品质，因为你自己就是班级生活的一部分。

教师不能把自己置身事外，以为居高临下就可以指点江山、耳提面命，我们必须把自己变成教育的一部分，也就是你的每一个行为都是班级生活的一部分，都直接或间接地影响着班级生活的品质。

六、班级生活如何重建

当我们试图提出一种重建班级生活理念的时候，绝不意味着这种理念马上可以成为事实。

记者：班主任们会自嘲说，自己是"戴着镣铐跳舞"。在理想中，班主任也愿意给每个孩子更大的发展空间。但在现实中，需要成绩，需要维持班级的稳定。

刘铁芳：我们可以把班级管理分为传统管理模式与现代管理模式。传统的班级管理模式，突出班主任对于班级的管理、控制作用；而现代班级管理模式，突出班级的生活性，弱化班级的管理品质，主张班主任作为班级生活的指导与促进者平等地参与班级生活。当然，两者并非截然分开，不管是传统的还是现代的，班级都是需要组织的，班主任在其中的作用都不可忽视。重要的是班级管理的根本目标究竟是什么，一是强调管理自身的效率，一是强调学生的发展本身。

至于"戴着镣铐跳舞"，这需要班主任拿出勇气来，在自我觉醒的基础上，重视自己的内心生活和价值标准。当然，在内心标准与外在评价的博弈中，灵活地找到一种平衡是最好的。

记者：我们的确应该重新认识班级生活、重建班级生活，但在现实生活中，可能还没有太多的条件，会有班主任质疑您的观点不过是空中楼阁。

刘铁芳：这里涉及班级生活改造的渐进性问题。当我们试图提出一种重建班级生活理念的时候，绝不意味着这种理念马上可以成为事实。理念的价值不仅仅在于它的事实性，更在于理念性本身，也就是通过理念的提升来提升我们作为教育人的生命姿态，提升我们真实面对孩子们时的生命姿态。

与此同时，当我们说站在孩子们的立场来重新思考班级生活，绝不意味着我们就是要完全顺应孩子们的欲求，欲求同样是必须引导与规约的。只不过这种引导与规约并不是基于外在权威与标准的先行设定，而是儿童自我成长的发现。

当我们的理念改变，我们就获得了一点点超越现实的可能性，我们就会在力所能及的范围内给予孩子们的生命以更大的成全，启迪他们的心智，孕育他们积极的班级生活。

记者：现在市面上的班主任管理理论颇多，流行民主管理、自主管理、和谐管理等概念，这反而让班主任们难以辨别、无所适从。对这个问题，您有什么建议？这些方法对我们重建班级是否有益？

刘铁芳：班级自主管理相对于指令性管理当然是非常有益的，但我们不能止于某种确定的模式。班级生活本身必须是开放的，所以最重要的是提升班主任的理念，而不是建构具体的模式。我对任何模式都存有芥蒂。甚至班级民主管理，也可能成为一个挂羊头卖狗肉的旗号，名为民主，其实不过是班主任权威人格的实践。

作为教育哲学的研究与倡导者，我的主张始终是开放的。班主任工作本身就应该是一种开放的、创造性的实践。如果一定要说一个基本的要求，或者班主任工作不可或缺的基础，那么，我提三条：一是爱学生，爱现实的、作为差异存在的学生，同时还要爱作为生命存在的、无差异的学生；二是理解学生，理解他们的现实存在，同时理解他们的潜在存在，也就是他们发展的方向与发展可能性；三是学会反思，反思班主任工作的意义，同时反思自我在班级和生活中的合理角色。

记者：正如您所说，班级的重构，班主任的改变一定是渐进的。知道了理念之外，班主任们还要做些什么？我们如何能够离理念更近些？如何理解好理念并内化为我们的行动？

刘铁芳：这里注意两个问题：一是我们所谓的理念并不仅仅是高高在上的理论，而是教师自身面对孩子们的一种姿态，须学会去关注学生，观察学生，对他们多一分理解，多一分发现，多一分认同，多一分内在的促进；二是我们的理论也需要贴近当下班级生活的实际，从中去发现问题，以促进老师们对班级生活的自我理解。所谓"站得高才能看得远"，只要老师们真正站高了，还要做些什么，就是理所当然的了，不需要外在过多的指指点点。教师是班主任工作具体实践路径的直接发言人，我们必须足够的尊重他们的专业自主权。